ÉTUDE

SUR

L'ESTHÉTIQUE

PAR

Alph. DUMONT

PARIS

TYPOGRAPHIE COUTRY & PUYFORCAT

111-113, Passage du Caire

—

1876

ÉTUDE

SUR

L'ESTHÉTIQUE

PAR

Alph. DUMONT

PARIS

TYPOGRAPHIE COUTRY ET PUYFORCAT

111-113, PASSAGE DU CAIRE

—

1876

ÉTUDE

SUR

L'ESTHÉTIQUE

CHAPITRE I

DU BEAU

Lorsque le travail de notre imagination s'accomplit sous l'empire d'une volonté arrêtée, nos conceptions ne sont le plus souvent que diverses manières à l'aide desquelles nous interprétons l'idée de la beauté, ce sont desimages qui nous servent à lui donner un corps pour l'esprit qui la contemple, et se plaît dans cette contemplation. Le beau a cette vertu qu'il ne laisse aucune de nos facultés en dehors de son influence; c'est une idée pour notre intelligence et une émotion pour notre pouvoir de sentir ; notre volonté s'applique sans cesse à l'exprimer et il n'est aucune des opérations de l'imagination qui ne soit modifiée par la présence d'un sentiment esthétique dans l'intelligence.

Puisque cette idée **du Beau** a une influence telle sur toutes nos facultés, il est intéressant de s'y arrêter, d'en rechercher la nature et de constater ses effets sur notre activité.

Le beau possède sur notre âme un grand pouvoir, et certes, s'il est des parties obscures et difficiles dans cette étude, ce n'est pas lorsqu'on se borne à considérer l'effet produit dans notre esprit quand cette idée lui apparait.

Il suffit en effet de se demander quelle est la part de l'intelligence lorsque nous nous trouvons en face de la beauté.

Supposons nous donc en présence d'un chef-d'œuvre de l'art ou de la nature, et demandons nous ce qui se passe, non pas dans notre cœur, mais dans notre intelligence. Regardons un objet que nous affirmons d'une manière incontestable être beau ; prenons par exemple un de ces objets que la nature a créés et sur lesquels elle a réuni tous les éléments de la beauté ; c'est un animal aux formes élégantes, c'est une fleur aux brillantes couleurs, c'est un arbre majestueux, un cèdre du Liban, dont la tête, comme dit La Fontaine :

> . . . . au ciel était voisine,
> Et dont les pieds touchaient à l'empire des morts. . . . .

ses rameaux s'étendent de tous côtés et forment un cercle d'ombre dont le tronc semble être le centre. L'aspect de cet arbre nous inspire le sentiment du beau ! Mais, si nous nous en tenions à ce que nous donne la perception, deux sens tout au plus y sont intéressés : la vue, qui nous donne les idées de couleur, de forme, de mouvement, de changement, qui nous fait connaître les nuances de cet arbre, qui nous fait voir la distribution de la lumière, enfin tout ce qui est de son ressort, et, si le vent souffle dans les branches du cèdre il se produit un bruit, un son, qui, révélé par l'ouïe, vient encore ajouter à la perception que nous avons.

La perception a-t-elle pu nous donner une idée autre que celles que nous venons d'énumérer ? Non ! — Mais alors d'où vient donc l'idée du beau ? Serait-ce dans la couleur, dans la forme, dans le bruit que nous la puisons ? Non, certes ! car, les couleurs en elles-mêmes, la forme et le bruit ne sont pas beaux ! Ce qui est beau, c'est l'arbre lui-même ! Mais alors, qu'y a-t-il donc dans cet arbre qui constitue la beauté, si ses attributs, pris séparément ou dans leur ensemble n'en sont pas cause ? C'est une force qu'on appelle *force végétative*, qui n'est perceptible ni par la vue, ni par l'ouïe, c'est la *raison* seule qui nous révèle son existence et nous l'affirme.

On voit donc qu'à l'action des sens s'ajoute celle de la raison. Les sens ne nous donnent que le signe ; quant à la connaissance de la beauté, c'est à la raison que nous la devons ; en effet, les signes en eux-mêmes, la couleur et le son, ne sont pas beaux, et ils ont si peu de beauté, que si on pouvait les isoler des forces qu'ils nous révèlent on nous dépouillerait de toute connaissance du beau ; qu'un artisan adroit, habile à disposer des jeux de la lumière, contrefasse un arbre à l'aide de morceaux de cartons, au moment où nous apercevrons qu'il n'y a rien de vivant sous cette apparence d'arbre, aussitôt l'idée de beauté s'évanouira de notre esprit. Nous voyons donc que les signes en eux-mêmes ne peuvent nous donner l'idée de beauté ; la réciproque est vraie, toute force sans les qualités qui lui sont inhérentes, n'est qu'une véritable abstraction, un véritable néant pour l'intelligence ; la force toute seule est donc aussi impuissante que les signes à nous inspirer l'idée du beau.

La force ne devient belle que si elle s'exprime par certaines qualités qui nous la font connaître.

Mais alors, dira-t-on, tout est beau! Nous ne voyons, en effet, hors de nous que des forces qui se manifestent par leurs effets. Cependant, ne remarquons-nous pas qu'il y a des objets qui nous laissent indifférents et d'autres qui, loin de faire naître en nous l'idée du beau, nous inspirent une idée contraire. Cette seule condition ne suffit donc pas.

Dans quel cas une force n'obtient-elle pas de notre esprit l'aveu de sa beauté? Cela peut tenir au rapport qui existe entre la force et les signes qui la manifestent. Si les signes sont obscurs, la force alors manque de clarté et se trouve exprimée d'une manière très-incomplète; en ce cas, la beauté diminue; s'ils la cachent entièrement, la beauté disparaît. Il faut, en outre, que cette force ait certains caractères qui lui soient propres. Cet arbre dont nous parlions tout-à-l'heure s'est développé librement; il a pris des proportions colossales, et il a quelque chose d'important. Quelle idée nous donne-t-il de la force qui l'a produit? Est-ce l'idée de sa grandeur ou de sa puissance? Supposons un instant qu'il soit autre qu'il est; admettons que, par une bizarrerie de la nature, ses branches soient poussées écartées les unes des autres, que son tronc, au lieu d'être fort et vigoureux, soit mince et sans force; supposons-le, en un mot, semblable à un de ces arbres chétifs, rabougris, malingres, que la fureur des vents a arrêtés dans leur développement, et auxquels une terre ingrate a refusé le suc nécessaire pour leur végétation? que devient alors l'idée du beau? Non-seulement elle disparaît complètement, mais elle est remplacée par l'idée de laideur. Il faut, en effet, que la force révèle sa puissance et sa grandeur pour qu'elle fasse naître l'idée de beauté; toutes les fois qu'elle est restreinte, que ses produits sont chétifs et étiolés, elle nous inspire l'idée du laid.

Ne nous arrêtons pas là : supposons que cet arbre se soit développé avec toute sa grandeur et toute sa force, mais d'une façon déréglée, et que la loi commune à l'espèce ait été méprisée; supposons que les branches de cet arbre, au lieu d'être poussées également en tous sens, soient toutes d'un même côté, qu'un accident ait brisé les rameaux qui venaient arrondir sa tête majestueuse, que son tronc, au lieu d'être droit, soit contourné, l'idée de beauté sera immédiatement remplacée par celle de laideur; cela provient de ce que la loi n'a pas son effet, de ce que l'ordre a été violé.

Ainsi, pour que nous ayons l'idée de beauté, il faut non-seulement que la force nous révèle sa puissance, mais encore que sa puissance soit soumise à l'ordre; si le désordre apparaît. la beauté s'évanouit.

La grandeur et l'ordre sont donc indispensables à l'idée du beau. Comparez un enfant malade, faible, chétif et languissant à celui que décrivent les poètes, à l'enfant aux joues roses, aux cheveux blonds et bouclés, à la fleur aux couleurs éclatantes, à la tige gracieuse et élancée, à la corolle élégante, comparez la pauvre fleur étiolée et souffrante, la fleur que n'a jamais baignée la rosée de la nuit et que n'ont jamais fortifiée les rayons bienfaisants du soleil ; vous serez encore une fois convaincus que la puissance est nécessaire à l'idée du beau. De même, si à côté d'un enfant au gracieux visage, mais aux membres chétifs, vous en placez un autre disgracié par la nature, doué de membres vigoureux, mais contournés et bizarres, vous verrez que l'ordre est indispensable à l'idée du beau.

Que l'on fasse varier ces deux conditions, et la beauté variera avec elles ; si elles augmentent ou diminuent, mais en conservant toujours des proportions, la beauté augmentera ou diminuera avec elles.

L'une est-elle supérieure à l'autre, l'équilibre est détruit et la beauté chancelle ; si l'ordre reste et que la puissance s'affaiblisse, le beau devient le joli ! Arrive-t-il le contraire, le beau prend ce caractère orageux qu'on appelle le sublime, le sublime qui, comme on le dit vulgairement, touche de si près au ridicule.

Ainsi, la connaissance du beau nous est donnée par une force qui se révèle à nos sens par ses effets, et que l'aide de la raison nous fait connaître. Dans le langage nos sens perçoivent les sons, mais c'est l'intelligence qui nous en donne l'explication ; de même, les sens nous révèlent les effets des forces, et l'intelligence nous en explique la signification.

Ainsi donc, pour la perception d'un sentiment esthétique, les sens nous sont tout aussi indispensables que l'intelligence ; plusieurs philosophes ont admis et soutenu cette opinion que je crois la plus conforme à la vérité ; cependant, elle n'est généralement pas goûtée. C'est ainsi que quelques esprits, parmi eux PLATON, attribuent tout à l'intelligence ; d'autres, comme les matérialistes et les empiriques, attribuent tout aux sens.

Si nous étions des simples esprits, nous pourrions borner à ces considérations l'analyse de la beauté ; mais, à côté de l'esprit, il y a le cœur, qui prend une part considérable aux phénomènes qui se produisent en nous toutes les fois que nous sommes en présence d'un chef-d'œuvre de la nature ou de l'art. Cette alliance de la puissance d'aimer et de connaître est très-ordinaire.

Nous n'avons guère d'idées qui ne produisent une émotion ; mais l'idée du beau est plus indissoluble ici que jamais ; c'est au point qu'on peut douter si le beau est plutôt connu que senti.

Cette question, qui tout d'abord paraît superficielle, devient très-sérieuse lorsqu'on y réfléchit. Si l'émotion, en effet, n'accompagne pas le jugement, l'idée de la beauté n'apparaît pas en nous. Restez froids devant un chef-d'œuvre et vous ne le trouverez pas beau ; le déclarez-vous beau, aussitôt vous éprouverez une émotion. Ainsi, il est donc très-difficile de reconnaître si nous jugeons avant d'être émus ou si nous sommes émus avant de juger.

La beauté est donc en même temps une idée et un sentiment. Ce double caractère du beau a servi de base à plusieurs systèmes ; certains auteurs n'ont reconnu dans la connaissance de la beauté que l'intelligence, d'autres en ont fait un objet de sentiment ; la vérité se trouve entre ces deux extrêmes. Puisqu'il nous est impossible de distinguer celui des deux éléments qui l'emporte, contentons-nous de leur faire une part égale.

Nous pouvons cependant remarquer que, toutes les fois qu'une connaissance et qu'une émotion se trouvent réunies, la seconde n'a aucune influence sur la première. Si on me démontre, par exemple, une vérité géométrique, j'éprouverai de la joie ; mais cette joie disparaîtra bien vite tandis que la vérité subsistera.

Au contraire, lorsque nous jugeons de la beauté, le degré d'émotion soutient le jugement ; plus il y a de sentiment, plus la beauté est grande. La certitude de la connaissance est donc mesurée par la puissance d'aimer. Si l'émotion est faible, le jugement sera incertain ; si elle est très-vive, le jugement sera décisif ; que l'émotion disparaisse, le jugement esthétique disparaît et l'idée du beau s'évanouit. Le paysan qui passe sa vie au milieu des plus belles scènes de la nature ne les sent pas : on dit alors que l'habitude a émoussé l'émotion, et, avec celle-ci, le jugement s'affaiblit. Il est donc évident qu'il est impossible de rendre compte du beau par une idée intelligente. Mais, d'où viennent donc les phénomènes sensibles qui l'accompagnent ? C'est de l'amour inné que nous avons pour la beauté ! Cet amour n'est étranger à aucun être humain ; mais nous pouvons remarquer qu'il se trouve beaucoup diminué chez les gens sans instruction, et qu'il a besoin, pour acquérir tout son développement, d'une civilisation avancée.

Cet amour du beau est bien différent chez l'homme de celui qu'il peut avoir pour lui-même ou pour ses semblables. Lorsque nous aimons hors de nous un objet, cet amour est toujours accompagné d'un désir de le posséder ; l'amour du beau, au contraire, n'est pas intéressé. Lorsque nous sommes devant un beau tableau, le plaisir que nous avons à le contempler n'augmente pas si nous en devenons propriétaire. Il y a donc dans l'amour du beau quelque chose de généreux qui exclut toute jalousie.

Dans nos autres affections, le contraire a toujours lieu ; non-seulement nous désirons qu'on nous aime, mais nous désirons être aimés à l'exclusion de tout autre. Il n'en est pas ainsi dans l'amour du beau ; bien loin de vouloir en posséder seuls la jouissance, c'est un bonheur pour nous que de savoir cette jouissance partagée par nos semblables. Lorsque nous sommes en face d'une belle statue, nous voudrions que l'univers entier puisse partager notre joie.

Cet amour désintéressé du beau nous conduit immédiatement au dévouement ; nous sommes prêts à nous sacrifier pour le beau comme pour la plus chère de nos affections. Nous sommes dans l'indignation lorsqu'on profane un chef-d'œuvre ; nous couvrons de nos malédictions tous les actes de vandalisme ; nous maudissons la barbarie des anciens qui ont détruit le Jupiter olympien, nous maudissons la bombe qui a brisé une partie des frises du Parthénon, nous maudissons les Anglais qui n'hésitent pas à dénaturer les œuvres les plus belles et les plus anciennes pour s'emparer de leurs fragments et en orner leurs musées.

Ces caractères suffisent pour séparer l'amour du beau des autres amours. Il diffère essentiellement de l'amour de Dieu par les sentiments qu'il nous inspire. Lorsque l'homme pense à Dieu créateur de l'univers, à sa majesté, à sa puissance et à sa grandeur, il se sent écrasé en considérant sa faiblesse et son humilité. La connaissance du beau nous élève, nous jette dans l'enthousiasme, et il semble que notre âme ait conscience de sa grandeur. Ce sentiment du beau, bien loin, comme toutes les autres affections, de jeter le trouble dans notre esprit, y fait régner une douce tranquillité.

Mais, est-ce à dire pour cela que ce sentiment manque de chaleur et de force ? Il n'en est rien ! La véhémence, le calme, l'ordre et la grandeur y sont contenus à la fois.

Le principe de tout plaisir est une inclination satisfaite. Il y a deux sortes de plaisirs : les plaisirs physiques ou sensations, et les plaisirs moraux qu'on appelle sentiments. On a souvent demandé si le beau causait une sensation ou un sentiment ! La sensation, quoique se mêlant souvent au plaisir que nous procure le sentiment du beau, ne se confond cependant pas avec lui. On peut s'en rendre compte facilement. La vue et l'ouïe sont les deux sens qu'on peut appeler esthétiques. Ce sont précisément ceux qui nous affectent le moins. La sensation de la vue n'est rien autre chose que le plaisir que procure la lumière frappant sur notre rétine. Mais là n'est pas le sentiment du beau. Un rayon de soleil a sur nous une influence bien supérieure à celle que peut avoir une toile de Claude Lorrain, et pourtant cette toile est plus propre à faire naitre en nous le sentiment du beau que le rayon de soleil ; serait-ce donc la sensation du son ? Évidemment non ? Mettez en effet un rustre devant un piano d'Erard ou de Pleyel, qui produit des sons d'une sonorité parfaite, si le rustre ignorant du mécanisme de l'instrument frappe au hasard sur les touches, il fera sortir des sons beaux en eux mêmes mais qui nous choqueront par leur discordance; mettez au contraire Mozart devant son épinette à la voix criarde et grinçante, les sons qui en sortiront seront désagréables en eux-mêmes, mais bientôt l'harmonie de ces sons nous apparaîtra et le sentiment du beau naîtra en nous. Le principe de ce sentiment ne se trouve donc pas dans la sensation.

La sensation s'émousse par la répétition de la perception ; le plaisir au contraire que cause le sentiment du beau est en raison directe du nombre de fois qu'on l'éprouve ; il est même nécessaire d'éprouver souvent le sentiment du beau, pour le posséder dans toute sa perfection.

Il arrive souvent que l'émotion esthétique est détruite par la sensation. Supposez en effet que l'on se promène par une belle soirée, sous une allée de feuillage, et qu'on entende la voix mélodieuse du rossignol, aussitôt le sentiment du beau envahit notre être, et nous nous sentons transportés. Mais si pendant cet état agréable de l'âme, il vous vient à l'idée que ce petit oiseau qui nous charme par ses chants, serait un excellent gibier, la sensation se développe immédiatement, et le sentiment du beau s'évanouit.

Les conséquences qui résultent de la confusion de la sensation et du sentiment du beau sont tellement absurdes qu'elles suffisent pour en marquer la différence. Si nous confondions le beau avec l'agréable, la boutique d'un confiseur serait plus apte à faire naître en nous le sentiment du beau, qu'un chef-d'œuvre de l'art ou de la nature ; cette conséquence suffit au bon sens pour faire connaître la distinction entre la sensation et le sentiment du beau.

Le sentiment du beau se distingue encore de tous les autres, parce qu'il s'y mêle parfois quelque vague tristesse ; cette tristesse est commune à toutes les âmes qui ont connu le *beau*. Citons, a l'appui de cette assertion, ces quelques vers que tout le monde connaît .

> Malheur, à qui du fond de l'exil de la vie,
> Entendit ces concerts d'un monde qu'il envie !
> Du nectar idéal, sitôt qu'il a goûté,
> La nature répugne à la réalité ;
> Dans le sein du possible en songe elle s'élance,
> Le réel est étroit, le possible est immense,
> L'âme avec ses désirs y bâtit un séjour
> Où l'on puise à jamais la science de l'amour,

> Où, dans des océans de beauté, de lumière,
> L'homme sans cesse altéré toujours se désaltère,
> Et de songes si beaux enivrant son sommeil,
> Ne se reconnaît plus au moment du réveil (1).

Nous retrouvons la même pensée dans un philosophe, dont les premières pages malheureusement furent les dernières. « Je ne con- « nais qu'un bien ici-bas, dit M. Tonnellé, c'est le *beau ;* et encore « est-ce un bien, que parce qu'il excite et anime nos désirs, non « parce qu'il les comble et les satisfait! Ce n'est pas une pure « abstraction, une récréation facile que je recherche dans les arts « et dans la nature. Dans tout ce qui me *touche*, je sens que l'amour « que j'ai pour le beau est un *amour sérieux*, car c'est un amour qui « fait souffrir, où chacun trouve des jouissances, ou, du moins, les « adoucissements et les consolations de la vie; je sens comme une « nouvelle et délicieuse source de tourments. La splendeur d'une « soirée, le calme d'un paysage, un souffle du printemps qui me « passe sur le visage, la divine pureté d'un front de madone, une « tête grecque, un vers, un chant, que tout cela m'emplit de souf- « france. »

A mesure que nous nous habituons à sentir le plaisir que donne la beauté, le seul aspect de la laideur est pour nous une souffrance; nous finissons par acquérir une sorte de sensibilité maladive qui fait le tourment de l'artiste.

Si, lorsqu'au sortir de la contemplation, nous nous retrouvons en face de la réalité, nous éprouvons une sensation pénible qui décourage l'esprit ; ce découragement se produit même en face d'un objet qui nous semble *beau*. Mais, gardons-nous bien de nous tromper sur la source de cette douleur! Ce n'est pas *le beau* qui en est la cause, mais bien l'amour que nous avons pour *la beauté*, lequel amour n'est pas complètement satisfait par la vue de l'objet qui n'a qu'une beauté relative. Cette douce mélancolie, que sait inspirer la beauté, est certes préférable à tous les plaisirs et les larmes que nous fait verser un sentiment esthétique sont bien douces; aussi, peut-on dire ici avec l'Évangile : « *O beati qui lugent.* » Mais, pourra-t-on demander, pourquoi aimons-nous la beauté, et pourquoi l'intelligence seule est-elle incapable de nous la révéler? Ne devons-nous pas dégager une condition nouvelle et nécessaire de la question suivante : La grandeur et l'ordre suffisent-ils pour faire naître en nous l'idée du beau?

Supposons un instant que cela soit vrai! nous trouverons donc

(1) Lamartine.

nécessairement beau tout objet dans lequel nous rencontrerons la grandeur et l'ordre !

Il n'en est certes pas ainsi. En effet, il nous arrive souvent d'éprouver de l'horreur et de la répulsion pour une puissance qui existe suivant sa loi! Trouvons-nous en face d'un serpent ou d'un crapaud; voilà cependant deux êtres qui ont conservé la loi de leur puissance ! Pourtant nous les trouvons hideux ! Prenons cet autre animal que l'on n'ose nommer, et dont la laitière de *Lafontaine* disait :

« ..... Il était, quand je l'eus, de grosseur raisonnable,

il y a là une force qui s'est développée selon sa puissance et suivant la loi, pourtant nous trouvons cet animal repoussant! D'où viennent donc ces sentiments de répulsion et d'horreur? C'est parce que nous ne pouvons sympathiser avec cet être; c'est parce qu'il a des appétits grossiers et obscènes qui nous répugnent. Le manque de sympathie seul suffit pour nous faire trouver hideux *cet animal.* »

Il faut donc, pour que nous puissions éprouver le sentiment *du beau*, ajouter une nouvelle condition à celles que nous avons énoncées plus haut : il faut, pour qu'une force nous paraisse belle, non-seulement qu'elle se révèle à nous avec ordre et puissance, mais encore qu'elle nous soit sympathique ; plus nous sympathiserons avec elle, plus la beauté nous paraîtra grande.

La sympathie est cette faculté que nous avons de nous mettre à la place de nos semblables ou même des objets qui ont avec nous quelques rapports. Nous sommes surtout une force active, aussi sympathisons-nous de préférence avec ce qui est actif. La sympathie est l'origine du plaisir que procure le sentiment du beau. Plus nous approchons de l'activité parfaite, plus la beauté nous paraît parfaite. Tout en bas de l'échelle des êtres se trouvent les forces purement physiques, aveugles, qui maintiennent l'harmonie de l'univers; un peu plus haut nous trouvons le végétal, un degré de plus nous arrivons à l'animal. Tout en haut de l'échelle se trouve l'homme, qui réunit les attributs des forces inférieures et y joint la beauté morale. Nous voyons alors le plus haut degré que peut acquérir la beauté.

Mais, on peut ici faire une objection. Pourquoi, dira-t-on, jugeons-nous belles des œuvres d'art dont le sujet ne nous est pas sympathique? Les magots de Téniers, les avares de Rembrandt ne nous sont cependant pas sympathiques, et nous disons cependant que ces tableaux sont beaux! Il faut bien se garder de confondre ; ce n'est pas aux sujets des tableaux que notre sympathie est accordée, mais au talent du peintre.

Je termine cette analyse en concluant que *le beau* est une *force visible,* qui s'exprime par des signes perceptibles aux sens, que la force toutefois n'est belle qu'à *trois conditions* : 1° Elle aura toute la *puissance* de son genre ; 2° Elle ne violera pas la *loi* ; 3° Elle nous sera *sympathique.*

CHAPITRE II

DES EFFETS DU BEAU SUR L'ACTIVITÉ.

Nous avons vu précédemment que l'idée du beau touche toutes nos facultés et modifie toutes les puissances de notre être ; l'intelligence en reçoit les lumières, notre sensibilité des sentiments particuliers, et notre activité elle-même y trouve comme un mobile, et comme une cause de mouvement. L'âme devient donc plus active au spectacle de la beauté ; elle acquiert alors un pouvoir créateur ; il suffit donc qu'elle ait la pensée du beau pour qu'elle produise des actes et qu'elle tente de les exprimer. Cette création est double, ou bien les œuvres que notre intelligence produit restent renfermées dans l'esprit et ne sont perçues que par nous seuls, ou bien ces œuvres prennent un corps et une forme sensible, et sont rendues accessibles à l'intelligence des autres hommes. La première de ces deux facultés est commune à tous les hommes, l'autre est le privilége de certaines intelligences d'élite, elle est principalement réservée à ceux que l'on appelle hommes de génie. Nous devons donc étudier ce double effet de notre activité.

On sait que notre activité a deux formes ; on dit qu'elle est transitive ou immanente ; lorsque nous nous formons des conceptions à l'aide de l'imagination, et que ces créations ne sont pas revêtues d'une forme extérieure qui puisse les rendre sensibles à nos semblables lorsqu'elles ne sont visibles que pour notre intelligence seule, on dit alors que l'activité est immanente. Quand, au contraire, au pouvoir que nous avons de nous former des conceptions nous joignons le pouvoir de les représenter sous une forme et sous une apparence accessibles à nos semblables, l'activité est transitive.

Le sentiment esthétique peut produire en nous ce double effet, c'est-à-dire rendre l'intelligence transitive et immanente, ou bien, et c'est le plus souvent, il n'en produit qu'un seul. Que se passe-t-il, lorsqu'après avoir admiré pendant un certain temps un bel objet, et avoir joui des charmes qu'il nous inspirait, nous nous détournons de lui tout-à-coup. Il se produit un grand mouvement dans lequel l'intelligence et la sensibilité ont une part égale ; l'intelligence conçoit une nouvelle idée et la sensibilité perçoit un nouveau sentiment, et il semble que l'activité qui était développée cesse d'agir tout-à-coup ; l'amour, l'admiration ont disparu et le beau n'a sur nous qu'une moindre influence ; mais il suffit qu'une association d'idées nous rende la pensée de la beauté que nous avons précédemment perçue pour que nous soyons troublés de nouveau. L'intelligence prononce les mêmes jugements, la sensibilité éprouve les mêmes sentiments, l'agitation première se renouvelle, et elle est même plus forte quelquefois que dans la première perception ; si c'est un simple souvenir on ne peut pas dire qu'il y ait création de notre part. La mémoire nous rend avec plus ou moins d'exactitude l'objet que nous avons perçu. Il arrive quelquefois aussi que cette image nous revient sous une forme nouvelle, qu'il y a plus dans cette seconde perception que dans la première, que nous avons ajouté à certaines parties et retranché à certaines autres. Alors, ce n'est plus un souvenir, c'est une création de l'esprit. Il arrive aussi que nous empruntons quelque chose à certains souvenirs, quelque chose à certains autres, et que nous réunissons toutes ces parties éparses. Ce travail, nous devons l'attribuer à l'imagination ; mais si nous avons embelli l'objet, si nous avons travaillé sur les souvenirs qu'il nous a laissés, c'était pour l'idéaliser, le perfectionner, et lui enlever tout caractère qui aurait pu paraître étranger à la beauté. Le travail dont nous sommes les auteurs n'a rien de commun avec nos souvenirs ; il y a là une réalité que nous nous sommes formée, que nous voyons, c'est ce qu'on appelle l'idéal. Lorsque la généralisation laissant de côté les différences qui séparent les individus, les espèces et les genres, s'élève à l'idée de certaines classes où leurs caractères communs sont combinés, les idées ne sont pas séparées des objets réels auxquels elles appartiennent ; nous ne pouvons pas penser aux qualités d'un genre sans penser aux qualités des individus, et alors, il s'opère une confusion entre l'idée générale et l'idée particulière. Il nous est impossible de penser à l'homme sans en voir un ; de même nous ne pouvons penser à la vertu, sans nous représenter un homme capable de dévouement. Souvent ces deux sortes d'idées, dont l'une est

un souvenir et l'autre une généralisation, s'identifient et se confondent ; alors nous avons les attributs communs à un grand nombre
d'espèces et une image particulière ; ce n'est là que la formation d'un
type, mais il n'y a rien d'idéal. Le plus souvent nous y ajoutons, et
alors cette image que nous contemplons a une perfection qui dépasse
tous nos souvenirs. Ainsi nous concevons des enfants, des hommes,
des femmes, et nous pouvons évidemment donner à nos conceptions
ce que nos souvenirs nous rappellent ; alors l'enfant a la figure de tel
ou tel enfant que nous connaissons. Mais notre puissance ne se
borne pas là, nous pouvons aussi nous représenter un enfant plus
beau que tous ceux que nous avons vus jusqu'ici, dont rien sur la
terre n'approche la beauté, alors c'est un idéal ; cet idéal a toutes les
qualités du genre mais attribuées à un seul individu. Nous ajoutons
donc, mais la formation n'est pas expliquée par la réalité.

L'idéal est donc l'œuvre de la mémoire et d'une faculté différente.
Si nos conceptions ne dépassent jamais la limite du souvenir, elles
se présentent toujours sous les mêmes caractères, avec lesquels nous
les avons perçues ; toutes les fois que les créations de l'imagination
dépassent la perfection des choses réelles il faut attribuer cette perfection à une autre faculté : c'est l'imagination créatrice.

D'où vient ce perfectionnement à quelques-unes de nos idées ? On
remarque que nous avons quelques idées qui nous servent de modèle
pour refaire la nature ; mais à côté de ces idées nous avons quelques
principes qui nous permettent de la transformer : ces principes,
nous les puisons dans les idées d'ordre et de puissance. Nous avons
vu des chevaux, mais nous pouvons nous en figurer un qui dépasse
en beauté tous ceux que nous avons vus ; nous faisons mieux que
la nature. Il y a dans la formation de cette conception un fait qui
revient à l'expérience, et comme dit *Kant* : Si nous n'avions jamais
vu de chevaux, nous ne pourrions pas nous en imaginer un.

Remarquons que les conceptions ne manquent pas plus aux
intelligences grossières qu'aux esprits les plus érudits. La force du
sentiment esthétique n'est évidemment pas la même pour les esprits
cultivés et pour les esprits incultes, mais quant au pouvoir de concevoir la beauté il appartient aussi bien au sauvage qu'à l'homme
civilisé. Le sauvage qui perfectionne un objet est, toutes proportions
gardées, l'égal d'un grand artiste, il n'y a de différence que dans le
degré de perfection. Quant à la faculté intellectuelle, elle est la même
et rien n'empêche que le sauvage ne s'élève au même degré que
nous.

Il y a de grandes différences entre le don de former les conceptions
qui ne sont visibles qu'à l'esprit seul de celui qui les forme, et le
don de les exprimer sous une forme sensible, de leur donner la vie et

de les rendre accessibles à l'intelligence de nos semblables. Lorsque *Cicéron*, à propos d'un récit littéraire, nous décrit la création d'une œuvre d'art, il marque la différence entre la première conception invisible et le signe qui la fait connaître. « *Ego sic statuo nihil esse, in* « *ullo genere tam pulchrum; quo non pulchrius id sit, unde illud ex* « *ore aliquo, quasi imago exprimatur, quo neque oculis, neque auri-* « *bus, neque ullo sensu percipi potest, cogitatione tantum et mente* « *compleetimur. Itaque et Phidiæ simulacris, quibus nihil in ullo* « *genere perfectius videmus, et his picturis, quas nominavi, cogitare* « *tamen possumus pulchriora. Nec vero ille artifex, quam faceret* « *Jovis formam aut Minervæ complectabatur aliquem æquo simili-* « *tudinem duceret; sed ipsius in mente insidebat species pulchri-* « *tudinis eximia quædam, quam intuens, in eàque defixus ad* « *illius similitudinem artem et manum dirigebat. Ut igitur in formis* « *et figuris est aliquid perfectum et excellens cujus ad cogitatam* « *speciem imitando referuntur eaque sub oculos ipsa cadunt sic.....* »

Les artistes ont donc, outre le don de conception, le don d'expression, souvent nous concevons mieux qu'eux, mais il nous est impossible d'exprimer nos conceptions ; c'est cette faculté que nous avons de concevoir qui nous permet de pouvoir critiquer des œuvres d'art que nous ne pourrions cependant nous-mêmes exécuter.

On discute beaucoup sur les idées que l'imagination nous révèle par la connaissance du beau. Les uns, ce sont les empiriques, en font de purs souvenirs ; un lion, disent-ils, est une forme de lion que l'on prend partout. D'autres, les platoniciens, pensent que nous avons l'idée innée de chaque être, de chaque genre, que notre intuition indépendamment de l'expérience, nous donne la notion de la forme parfaite de chaque chose. La forme de chaque chose est donc dans notre intelligence telle qu'elle existe dans la nature ? Le naturaliste a donc la forme de chaque espèce ? Notre raison qui est perpétuellement en communication avec notre intelligence, devine donc le type parfait de l'espèce. Voilà, dans cette explication, le principe des choses ! Nous voyons un lion, mais il a toujours quelques défauts. Autre chose est cette fleur dont je connais la beauté idéale, et autre chose est la fleur que je perçois ; *Leibnitz* dira que dans un bloc de marbre, les différentes veines dessinent les formes et les contours d'une statue admirable, mais que personne ne peut voir ; elle est enfermée et contenue dans ce bloc de marbre, mais vient un artiste qui sait distinguer les formes dessinées par les veines, il forme ainsi une statue qui est admirable mais qui est l'œuvre de la nature. Il en est de même des rapports de la raison et de l'expérience ; l'expérience ne donne rien, mais elle est la cause de certaines idées que nous avons déjà. Il y a en nous comme l'ébauche de chaque chose, mais il faut le concours d'une autre chose pour la distinguer ; c'est l'œuvre de l'expérience.

Voilà donc deux théories différentes ; attachons-nous d'abord à la théorie des platoniciens, et ne nous dissimulons pas les difficultés qu'elle présente.

Tout d'abord, on y remarque que les espèces sont en nombre incalculable, que l'expérience nous donne de nouvelles connaissances qui s'ordonnent et qui forment l'idée de ces genres que nous pouvons transformer en type de beauté idéale : il y aurait un grand nombre de perfections innées qui seraient en nous à l'état latent, et qui seraient assez inexplicables ; ce serait une chose bizarre qu'un homme grossier, manquant complètement d'éducation, ait en lui un nombre infini de pensées d'une admirable perfection! Avons-nous réellement, indépendamment de l'expérience, le type de tous les genres et la conception de leur plus grande beauté? Voilà une fleur nouvelle que l'industrie de l'homme a créée, ou qu'un explorateur est allé chercher dans les régions du monde les plus éloignées, nous l'apercevons, et, dès la première fois que nous la voyons, nous disons : cette fleur est belle. Comment expliquer ces jugements? D'après *Platon*, il faut supposer que nous avons déjà le type de cette beauté, et nous jugeons qu'elle est conforme à ce type ; plus la fleur sera conforme à l'image que nous en avons, plus elle sera belle. Il en résulte qu'avant d'avoir vu cette fleur, nous en avons cependant la conception, conception que la vue de l'objet vient réveiller. Selon *Platon*, il y aurait une comparaison immédiate ; l'esprit est-il si obligeant? Tout cela peut être vrai, mais nous n'en savons rien. Il y a plus : voilà une fleur que nous ne connaissons pas, et, dès que nous l'avons vue, nous disons que c'est la plus belle de toutes les fleurs. Celui qui n'a jamais vu que notre lys, et qui le juge la plus belle des fleurs, change son jugement si on lui apporte le lys du Japon, qui jusqu'alors lui était resté inconnu, et il dit que la beauté du lys de France est moindre que celle du lys du Japon. Comment se fait-il que, s'il a le type inné idéal du lys, il n'ait pas aperçu qu'entre le réel et l'idéal il y avait une distance infinie : comment se fait-il ensuite que le lys lui serve à comparer le notre à celui du Japon? Quelle ressemblance entre ces deux fleurs différentes, dont l'une est blanche et l'autre est rose? Personne, avant que l'on ne l'ait apporté en France, n'avait jamais remarqué le lys du Japon ; de là, je conclus que c'est l'expérience qui nous donne l'idéal du type.

Remarquons, en outre, une autre différence. On nous dit : nous avons le type de la beauté humaine et l'expérience ne sert qu'à le réveiller. Mais quel est le type de la beauté humaine? Qui peut se la figurer? Considérons les créatures du genre humain, sera-ce le blanc ou le noir, l'Européen ou l'Africain qui l'emportera? Je comprends qu'il y ait des êtres magnifiques dans chaque race; on passe d'une beauté acceptée à une autre beauté qui en est différente; mais y a-t-il un idéal pour le nègre, un pour le peau-rouge, un pour le blanc? Supposons que ce soit, la race blanche; mais, suis-je plus avancé? Evidemment non; car je ne puis pas me faire le même type idéal pour l'homme et pour la femme! Quel sera le type de l'homme? Il m'en faudra un pour l'enfant, un pour le jeune homme, un pour l'homme mûr, un pour le vieillard; mais il y a des enfants de un an, deux ans, trois ans, etc. ; il me faudra donc autant de types; nous avons donc tous ces types réalisés dans l'esprit. C'est là l'explication que l'on nous donne de l'idéal! Ce qu'il y a de vrai, c'est que nous formons notre type en présence d'un objet réel et d'après cet objet. Quel sera le type de la femme? Sera-ce la femme blonde ou la brune ? Nous n'avons jamais d'idée sans expérience; ce qui le prouve, c'est que la pureté de nos conceptions dépend tout-à-fait des objets perçus. Le Cafre a un type de beauté humaine. Le Papou a un nez épaté, un angle facial très-aigu, des lèvres pendantes ; voilà le type de la beauté idéale d'un Papou. Si nous nous élevons plus haut, c'est que nous avons vu d'autres beautés. Quand j'ai vu pour la première fois la Vénus de Milo, mon idéal n'avait jamais conçu une aussi grande beauté ; mais aussitôt après l'avoir vue, mon esprit s'élève au-dessus, et je conçois une beauté plus grande encore, parce que mon imagination a pu prendre sur elle un point d'appui. La raison ne nous donne rien ; il faut donc renoncer aux conceptions innées. De même qu'il y a une règle qui nous sert à voir si nos actions sont bonnes ; plus elles se rapprochent de cette règle, plus elles sont méritantes ; de même nous avons un idéal auquel nous comparons nos conceptions, et, plus elles se rapprochent de cet idéal, plus elles sont conformes à la beauté.

Cette doctrine est intelligente mais elle n'est pas vraie, car quel est le type auquel je puis comparer la fleur, l'animal, l'homme ? Il m'est impossible de croire qu'il se trouve dans mon intelligence quelque chose qui leur soit semblable avant de les avoir connus. Il faut donc refuser tout crédit à cette théorie qui fait de la beauté une idée innée.

Faut-il aller à l'autre extrémité et dire que l'idéal ne dépasse jamais la perfection des choses réelles, que la plus belle image que nous pouvons faire de l'homme n'est que le résultat de ce que nous avons pu percevoir? Lorsque Cicéron nous dit que Phidias n'imitait pas un modèle, il a raison. Lorsque Raphaël nous dit qu'il ne contemplait rien autre chose que ses idées, il renverse les explications empiriques, chacun de nous a un idéal qui dépasse la réalité ; avant d'avoir vu « la source » de Ingres, nous n'avons pas le type de cette beauté ; mais aussitôt que nous voyons cette peinture notre imagination s'appuie sur elle et la dépasse immédiatement. Nous ajoutons quelque chose à l'idéal. La raison nous donne l'idée d'ordre et de puissance. Les signes que nous apercevons peuvent ne pas manifester assez clairement un de ces caractères, alors nous l'ajoutons ; il est évident que cela ne peut se faire que sur un modèle donné par l'expérience, et cette opération de l'esprit ne pourrait s'accomplir si nous n'imaginions pas le parfait dans certaines classes d'individus.

L'idéal une fois formé est présent dans tous nos jugements esthétiques et on peut remarquer qu'il les modifie de diverses manières. Supposons nous en face de tel ou tel objet, instantanément il s'opère une sorte de dédoublement entre ce que nous percevons et ce que nous imaginons ; le deuxième jugement qui ressemble au premier a quelque chose de plus, et souvent l'idéal fait tort au premier. Nous effaçons les défauts et nous les remplaçons par des perfections ; il est impossible que le réel nous satisfasse comme d'idéal. L'idéal dépasse toujours le réel ; supposons nous en face d'œuvres mille fois plus parfaites encore, croyez-vous l'idéal satisfait ? Il restera toujours aussi loin de la réalité qu'il l'est aujourd'hui, il la dépassera en s'appuyant sur elle. Dans le premier cas, le jugement comparatif est presque immédiat, et cette nouvelle perception est dépassée par une nouvelle conception. D'autres fois, la perception et la conception sont mêlées ; il arrive fréquemment que si nous aimons beaucoup l'objet qui a fait naître en nous l'idée du beau nous appercevons le réel au travers de l'idéal, si bien qu'alors c'est l'objet tel que nous le concevons, cela explique que le même objet qui paraît admirable à certaines personnes en laisse d'autres froides et indifférentes, quelquefois même il leur inspire de la répulsion, c'est ce qui explique les bizarreries de l'amour. Voyons comment les décrit de Molière dans le *Misanthrope* :

..... L'amour pour l'ordinaire est peu fait à ces lois,
Et l'on voit les amants vanter toujours leur choix.
Jamais leur passion n'y voit rien de blâmable,
Et dans l'objet aimé tout devient aimable ;
Ils comptent ses défauts pour des perfections
Et savent y donner de favorables noms.
La pâle est au jasmin en blancheur comparable ;
La noire à faire peur, une brune admirable ;
La maigre a de la taille et de la liberté ;
La grasse est dans son port pleine de majesté ;

> La malpropre sur soi de peu d'attraits chargée,
> Est mise sous le nom de beauté négligée ;
> La géante paraît une déesse aux yeux ;
> La naine un abrégé des merveilles des cieux ;
> L'orgueilleuse a le cœur digne d'une couronne ;
> La fourbe a de l'esprit, la sotte est toute bonne ;
> La trop grande parleuse est d'admirable humeur,
> Et la muette garde une honnête pudeur.
> C'est ainsi qu'un amant dont l'amour est extrême
> Aime jusqu'aux défauts des personnes qu'il aime.

Un auteur très ingénieux, un esprit de premier ordre, fait une comparaison très-juste, il assimile toutes les conceptions de l'imagination à une branche d'arbre sans feuilles, qui, déposée dans une mine de sel, se trouve couverte de petits cristaux brillants qui la transforment et la rendent complétement méconnaissable. L'imagination fait la même chose, et les changements que subissent certains objets est notre œuvre propre, si l'objet auquel nous pensons est absent il n'y a plus de comparaison ; nous pensons à une œuvre d'art et nous fermons les yeux, dans ce cas il y a quelque chose qui tient à la comparaison, elle s'opère en sens inverse, et nous trouvons cette comparaison plus belle parceque nous la rapprochons de certains souvenirs.

La conclusion est que le goût qui peut se définir : la faculté de discerner le beau du laid ; le goût est une faculté très complexe, et où beaucoup de pouvoirs sont engagés ; s'il fallait énumérer toutes les qualités nécessaires pour être homme de goût cela serait très-difficile ; d'abord il faut une sensibilité très exercée, il faut que l'habitude sache distinguer tout ce qu'il y a d'expressif, c'est une sagacité particulière, c'est le don de saisir l'impression, c'est une qualité supérieure que l'éducation peut développer, mais qui est un don de la nature. On ne peut pas faire goûter le charme d'un beau morceau de musique à un sourd, on ne peut pas non plus faire admirer la beauté d'un tableau à un homme qui ne le comprend pas ; ce n'est pas tout, il faut que la raison soit exercée ; il semble que ces deux mots se contredisent ; cependant puisque dans le jugement qui tient à la connaissance de la beauté, il doit y avoir un rapport entre la beauté et et le signe, c'est le résultat d'une longe expérience. Nous devons joindre la vue qui doit être très-délicate ; et, quand vous aurez toutes ces qualités, il faut ajouter une imagination vive, sans être cependant déréglée, car si l'on n'a pas en face de la beauté que l'on apprécie le sentiment d'une beauté idéale jamais les jugements que l'on en porte n'auront de sûreté.

On voit que le goût n'est par une faculté à dédaigner; elle exige un si haut point de perfection, que les hommes de goût doivent être rares; mais comment se fait-il qu'on ait des idées si différentes sur ce sujet? Il y a deux opinions ; les uns prétendent qu'il y a des lois pour le goût, les autres qu'il faut lui donner une libre carrière. Il y a là une double erreur. Le goût se sert de facultés diverses dont les unes comme les sens et le sentiment sont variables et personnelles, et d'autres qui sont absolues. Mais, est-ce à dire pour cela qu'il n'y ait ni bon ni mauvais goût! et qu'on puisse impunément préférer la tragédie de *Phèdre* de *Pradon*, à celle de *Racine?* Évidemment non, car à côté de ce qui est personnel et variable, il y a quelque chose de stable et d'immobile.

<hr>

CHAPITRE III

DES EFFETS DU BEAU SUR L'ACTIVITÉ (*Suite*).

Nous avons étudié le premier effet du beau sur l'activité, et nous avons remarqué que par sa présence l'esprit se crée un idéal; cette création est invisible, elle reste dans les ténèbres de la conscience, et celui-là seul qui l'a produite peut la contempler et jouir de son spectacle. Mais le beau n'a-t-il sur nous que cette action toute personnelle? Il n'en est pas ainsi ; tous les hommes veulent exprimer leur idéal, seulement les uns l'expriment d'une manière très-imparfaite, les autres, au contraire, excellent dans l'art de l'expression, ils savent animer leur s conceptions et il n'en est aucune partie qui pour nous reste obscure. On les appelle des hommes de *génie.*

Le génie est donc un des effets du beau sur notre activité. Les beaux-arts n'ont pas d'autre but que de rendre visible la conception idéale ; cette création qui donne un corps, une forme à une idée invisible et la rend perceptible est le propre du *génie*, il nous est donc impossible de ne pas étudier les operations qui le constituent.

Si le génie est la faculté d'exprimer l'idéal par des moyens qui sont nombreux et différents, tels que la parole, le son, la couleur, le ciseau, etc..... si le génie a pour but l'expression de la beauté idéale, comment en faire l'analyse? La psychologie ne nous permet de faire sur nous-mêmes que des observations personnelles; il faudra donc avoir soi-même l'habileté, le talent que possèdent eux-mêmes les hommes les mieux doués. Or, s'il est une chose incontestable, c'est que la réflexion est complètement impossible sur l'activité créatrice, car, si nous la considérons, elle cesse complètement et s'évanouit ; on semble donc élever cette difficulté : c'est qu'il est impossible d'analyser le génie ; les grands hommes ne nous ont pas fait leurs confidences, et le philosophe n'est souvent pas un artiste! Les grands hommes n'ont pas su expliquer le génie, mais ils nous ont laissé leurs œuvres qui constituent leur activité tout entière. *Virgile* est mort, mais nous pouvons retrouver dans l'Enéïde ce qui s'est passé dans l'esprit du poète. Nous avons donc un moyen assuré, c'est de prendre un chef-d'œuvre, soit de musique, soit de peinture ou poésie, d'en faire comme la dissection, et nous ne retrouvons dans cette œuvre que ce qu'il y avait dans l'esprit de celui qui l'a créée. Prenez les œuvres les plus parfaites, pensez à cette *Pauline* dont *Corneille* nous dépeint les combats dans *Polyeucte ;* comment le poète a-t-il pu donner une forme à sa pensée, mettre au monde une figure si réelle, créer un type qui reste gravé dans la pensée, lorsqu'on a lu son œuvre? Tout d'abord *Pauline* a dû être pour *Corneille* un idéal ; c'est l'idéal d'un sentiment pur par lui-même dans ses luttes avec un sentiment obligatoire : le devoir, qui, selon la raison, doit céder à celui-ci. Ce n'est pas une expression plus ou moins parfaite de ce sentiment que le poète a créée, c'est la plus parfaite qu'il a pu concevoir. Il a dû créer un idéal, le contempler dans son esprit, et ne s'est décidé à lui donner une forme que lorsqu'il l'a trouvé parfait. Mais, ce n'est pas tout, il a fallu inventer les moyens d'exprimer cet idéal; il a fallu lui donner un nom, une forme, une figure ; cette création est l'œuvre de prédilection du génie.

Nous pouvons tous concevoir un idéal, et peut-être s'est-il trouvé des gens qui s'en sont formé un plus parfait que celui qu'ont exprimé les plus grands artistes; mais, ce qui leur manque; c'est le don de faire connaître par des signes cet idéal, et que nous puissions le voir *tel* qu'il a été conçu; c'est cette faculté qui est le propre du genie. Le don d'exprimer, voilà donc la première condition d'une œuvre d'art.

Toutes ces idées, toutes ces paroles que nous admirons tant, tout cela n'a pas été jeté au hasard ; il a fallu les coordonner, on ne pourrait pas indifféremment commencer une tragédie par le cinquième acte ou par le premier ; et, tout ce qui est vrai pour une œuvre de poésie, l'est aussi pour toute autre œuvre. Nous sommes donc amenés à dire que la création de toute œuvre d'art nécessite trois opérations : *concevoir un idéal, trouver les moyens les plus propres à lui donner une forme, disposer les idées dans l'ordre le plus propre à l'expression.*

Tout homme peut faire ce travail, mais cela ne veut pas dire que tout homme soit un artiste, car ceux-là seuls sont des artistes qui savent donner la vie à leur idéal. C'est le degré de perfection qui constitue le génie : tout homme est inventeur, il exprime son idéal avec une perfection plus ou moins grande ; mais nous appelons seulement hommes de génie ceux qui conçoivent un idéal parfait, et qui savent trouver les moyens d'expression qui lui donnent la vie.

Sans doute, l'intelligence explique qu'il y a dans une œuvre d'art d'abord l'image rêvée, puis les signes ; mais ce n'est pas tout : spectateurs de la tragédie dont nous parlions plus haut, nous ne resterons pas froids, et, en voyant cette lutte entre l'amour et le devoir, nous éprouverons une émotion très-vive. Nous aimerons cette femme, nous serons émus jusqu'aux larmes, et, bien que nous n'ayons aucune illusion, nous trouverons que cette figure est vivante. *La vie* est donc un des éléments indispensables de toute œuvre parfaite, et ce n'est pas autre chose que la vie qui cause l'illusion. Nous ne nous méprenons pas, et, au moment où nous sommes emportés par l'indignation ou par la sympathie, il y a une voix intérieure qui nous dit que tout ce que nous avons sous les yeux est une fable. Ne nous arrive-t-il jamais en effet, au théâtre, lorsqu'une pièce nous intéresse, d'éprouver une vive antipathie pour le personnage qui représente un traître, nous voudrions que quelqu'un le tuât ; au contraire, nous aimons celui qui représente la vertu, et nous nous réjouissons du bonheur qui peut lui arriver.

Les créations des beaux arts représentent un idéal et elles sont vivantes. En présence d'une œuvre d'art nous éprouvons deux choses parfaitement distinctes et qui cependant ne sont jamais séparées ; d'une part une émotion, de l'autre quelque chose qui la maîtrise et la tempère. Mais à quoi reconnaître la vie ? A l'émotion ! — Cette chaleur qui nous fait admirer un chef-d'œuvre même bien des siècles après sa création, a dû provenir de la puissance créatrice de l'artiste ; sans elle on ne peut pas exprimer l'idéal ; il faut savoir donner la vie à son œuvre. Ainsi voilà quatre phases du travail de l'artiste dans la production d'une œuvre d'art : *Concevoir un idéal. Inventer les signes les plus propres à l'expression. Les disposer avec ordre.*

Animer son œuvre. Il est facile de voir par là que le génie n'est pas une faculté à part ; que l'artiste doit avoir des sens d'une grande subtilité qui connaîtront le sens expressif des choses ; il faut une raison ferme et droite, une imagination vive mais réglée, et dirigée par la raison, il faut de plus ce don inégalement réparti entre les hommes de savoir trouver des signes propres à exprimer l'idéal.

L'homme de génie est aux yeux de certaines gens comme quelque chose de surnaturel, et l'on ne voit pas en lui comme on le devrait voir le développement des facultés les plus vulgaires. Voyons en lui le type le plus parfait des facultés de l'intelligence humaine, *homo quam maxime homo* ! Mais suffit-il de faire la part de l'intelligence et du sentiment, l'homme de génie crée-t-il sans peine, sans effort et sans volonté ? Le génie par lui-même ne peut-il revendiquer aucun mérite ? Alors il est absurde de combler d'honneur comme nous le faisons les hommes de génie, d'être si enthousiasmés à leur égard, de leur accorder une si profonde vénération ! il est absurde de leur élever des statues pour laisser leur souvenir à nos descendants, puisqu'ils n'ont aucune part dans leurs productions. Mais il faut remarquer que la volonté libre et réfléchie est la faculté qui fait le génie, que le génie sans elle ne peut exister, car, sans son concours, l'artiste ne peut pas concevoir un idéal pur et parfait, ni trouver les moyens de l'exprimer. Et en effet, peut-on concevoir *machinalement* un idéal très pur et très élevé ? Évidemment non ! Nous n'arriverons à ce résultat qu'à la condition de n'en pas détourner un seul instant notre attention ; cependant notre esprit n'est-il pas à chaque instant entrainé de côté et d'autre, nos idées ne sont-elles pas associées et enchainées entre elles ? Il nous faut employer une grande résistance pour ne pas être dissipés ; et si nous sommes distraits même un seul instant, qui viendra rappeler notre esprit à la contemplation de cette image, à laquelle il faut sans cesse ajouter ou retrancher ? C'est la volonté ! La volonté a donc, sinon la plus grande partie, du moins une part considérable dans la conception de l'idéal.

Pourquoi la plupart d'entre nous ne peuvent-ils pas exprimer leur idéal, c'est parceque nous n'en avons pas une conception à un degré suffisant de perfection, les contours n'en sont pas assez nettement arrêtés dans notre esprit. Lorsque l'activité possède un idéal nous pouvons l'exprimer ; il faut pour cela qu'il soit très clairement arrêté par notre esprit afin que des signes puissent le rendre sensible, et si un travail obstiné ne l'a pas amené à ce degré de perfection qui peut être exprimé par des signes, nous serons impuissants à le faire. C'est le travail de l'intelligence disciplinée par la volonté qui donnera la netteté nécessaire.

Voilà donc l'idéal créé par l'intelligence et la volonté ; mais quand il nous faudra dire à cette conception «prends la vie, revêts-toi d'une forme », tout ce travail se produira-t-il involontairement sans efforts, sans étude ? La volonté triomphera seule encore des obstacles.

Nous voyons donc que la création des œuvres d'art n'est pas involontaire, et qu'il n'y a pas de résultat sans la volonté.

Remarquons cependant ici, que le sentiment esthétique se plie souvent mal au pouvoir de la volonté. Le poëte, laissant un libre cours à son imagination qui l'entraine, peut produire un chef d'œuvre. Lorsque le sentiment esthétique est contenu, on l'appelle inspiration, lorsqu'il déborde il devient l'enthousiasme, puis enfin il arrive au délire ! Ces trois différentes phases de l'esprit ont été parfaitement exprimées par M. *Victor Hugo* dans sa sublime pièce intitulée *Mazeppa.*

Après avoir examiné, recherché et exposé les conditions nécessaires à l'existence du *génie*, je dois répondre à une objection qu'on ne manquerait de me faire : en effet, dira-t-on, il y a donc différentes sortes de génie? Car le langage nous avertit que ce mot ne s'applique pas seulement aux beaux-arts! N'y a-t-il pas de génie dans les sciences, dans l'art militaire, dans la politique et dans l'industrie ! Comment se fait-il, en effet, que le même mot *génie* exprime des facultés si disparates? C'est qu'il y a là le signe d'une identité remarquable entre les œuvres de l'intelligence humaine.

Il y a dans les sciences des hommes supérieurs qui ont toutes les facultés nécessaires pour éclairer les autres hommes. Le mathématicien, lui aussi, a son idéal : c'est une vérité; puis il faut que cette conception passe dans l'ordre des vérités acquises, et pour cela il faut inventer des moyens de démonstration, les ordonner et enfin il faut posséder un sentiment qui puisse aller jusqu'à l'enthousiasme; seulement l'idéal n'est plus ici un type de beauté, c'est une vérité dans toute son évidence.

Il en est de même dans les sciences physiques, une découverte est toujours une conception. Lorsque *Christophe Colomb* découvre l'Amérique, il y a comme un idéal qu'il veut poursuivre. Il faut ajouter à ce qui précède que la volonté ne peut pas faire le beau, seulement il est bon de voir ici que les opérations de l'esprit ont un autre but : Ainsi on peut dire que les opérations intellectuelles dans les mathématiques, sont les mêmes que celles qu'il faut pour écrire un poême, ce qui n'empêche pas qu'il y a de grandes différences.

Appliquons les mêmes réflexions au génie politique; voyez un homme qui songe au bien-être de ses concitoyens, c'est un idéal qui n'a rien à faire avec le beau, mais il y a là une conception comme celle de l'artiste, et il faut qu'il invente et qu'il ordonne les moyens de la rendre visible. Le génie militaire s'explique de la même façon. Voyez *Napoléon* arrêtant le plan d'une bataille, fixant le jour et l'heure auxquels se livrera le combat, voilà une conception, mais elle n'a rien de semblable à celle de *Michel-Ange* songeant « au jugement dernier ». La bataille est pensée avant d'être livrée. Il faut avoir un grand génie d'invention, une tactique savante, il peut même y avoir un grand enthousiasme. La volonté est toujours présente, écartant tous les obstacles et allant droit à son but.

Il serait injuste de ne pas reconnaître d'hommes de génie dans l'industrie. Il y a des hommes qui sont tout autant, sinon plus admirables que les grands capitaines ; ce sont ceux qui ont trouvé les moyens de soulager l'humanité. Imaginez-vous ce qui se passe dans l'esprit de l'homme qui conçoit l'idée d'une machine qui peut remplacer un grand nombre d'hommes : Prenez par exemple *Jacquart* comprenant qu'on peut, à l'aide d'une machine dont il a la conception, remplacer le travail manuel des tisserands, travail très dangereux, qui cause de graves maladies et abrège les jours de ceux qui l'exécute. Voilà un idéal, il faut le réaliser et trouver les moyens de le mettre à exécution.

On voit donc que l'analyse que nous avons faite se confirme de toutes façons, et que les œuvres du génie sont des créations, comme l'indique le verbe latin *gignere* d'où ce mot tire son origine. L'idéal du savant, c'est le vrai ; celui de l'homme politique, le bien-être de ses concitoyens, celui du guerrier, la victoire ; ce sont là des conceptions différentes, mais le moyen de les réaliser nécessite les mêmes opérations. L'artiste se servira de la parole, de la couleur, du ciseau ; le savant maniera des idées abstraites, l'homme de cour se servira de diplomatie, le militaire observera sa tactique ; aussi n'est-ce pas à tort qu'on donne des noms différents à des attitudes si diverses. Il faut mettre tous les grands hommes : *Jacquart*, dans l'industrie ; *Napoléon*, *César*, *Alexandre*, dans la guerre ; *Phidias*, *Pradon*, dans la sculpture ; *Murillo*, *Raphaël*, dans la peinture ; *Racine*, *Corneille*, *Hugo*, *Musset*, dans la poésie, au même niveau dans notre estime.

On voit que nous avons trouvé des preuves péremptoires que chacun des hommes à qui l'on attribue du génie a fait un grand pas par cette qualification, et que, par conséquent, il a un grand mérite. Ce qui n'aurait pas lieu si le génie venait d'une manière fatale ! Si on admire les grands hommes, c'est qu'ils contribuent à se faire grands

Cet avis n'est pourtant pas celui de tout le monde, et il est des philosophes qui regardent le génie comme un privilége ; il en est qui rapportent tout à Dieu, et, suivant leurs croyances, c'est Dieu qui suscite les hommes de génie lorsqu'il en est besoin. Sans doute le génie vient de Dieu, et, quand on dit que c'est un don divin, on énonce une grande vérité ; mais cette assertion n'est vraie que parce que tout vient de lui ; il nous a donné ce qu'il faut pour avoir du génie, mais à condition que nous faisions fructifier les germes qu'il a mis en nous. Rapporter tout à Dieu ne signifie plus rien, d'autres attribuent l'apparition des hommes de génie à des conditions fatales ; c'est une production presque naturelle, une génération nécessaire dans certaines conditions. Lorsqu'il existe de grandes choses à faire, disent ces philosophes, c'est alors qu'apparaissent les hommes de génie. Il est des temps qui sont favorables à l'éclosion de ces grands personnages, c'est à leurs succès qu'on les distingue, et c'est toujours du côté du succès que se trouve le droit. Cette doctrine a été développée par M. *Cousin* dans sa dixième leçon de l'introduction à l'histoire de la philosophie ; il a voulu soutenir que les grands hommes apparaissent nécessairement, et que ces hommes ont une mission à remplir. Je crois plutôt que ce sont les grands hommes qui font les grandes circonstances, et non pas les grandes circonstances qui font les grands hommes.

Il y a une autre opinion sur le génie, c'est celle qui l'explique par l'organisation physique ; pour les uns, les grands hommes sont des hallucinés ; d'autres vont plus loin et disent que le génie est une maladie nerveuse ; et dernièrement, les auteurs de quelques livres ont soutenu que le génie est une névrose ; par suite, on peut conclure que le génie est une maladie qui se peut guérir par des douches. Soyons bien persuadés que le génie n'est pas une névrose ; mais on peut parfaitement admettre qu'il y a des conditions organiques sans lesquelles le génie ne peut pas se développer ; il y a évidemment une part à faire à la nature, mais la volonté a la plus grande part dans l'œuvre du génie.

CHAPITRE IV.

DU BEAU DANS SES RAPPORTS AVEC L'UTILE

LE VRAI ET LE BIEN.

Après avoir vu comment le beau agit sur l'intelligence, nous allons examiner la différence qu'il y a entre lui et quelques autres objets, qui sont ou des connaissances pour notre esprit, ou des sentiments pour notre cœur. Ces objets, qui ont quelques rapports avec lui, s'en distinguent cependant. Nous allons donc étudier les rapports et les différences qui existent entre le beau, le bien, l'utile et le vrai.

Examinons d'abord si le beau est toujours utile? La réponse sera affirmative. En effet, toute chose qui peut satisfaire un de nos besoins ou nous procurer un honheur est utile; le beau nous cause un vif sentiment de plaisir, il est pour nous la source des plus délicieuses et des plus pures émotions; voilà la raison qui nous autorise à le proclamer utile. Mais, puisque nous avons vu que le beau est utile, faisons nous la question contraire, et voyons si la réciproque est vraie. L'utile est-il toujours beau? Ici la réponse sera négative, car la beauté n'est pas toujours jointe à l'utile. En effet, si on me démontre que le carré construit sur l'hypoténuse d'un triangle rectangle est égal à la somme des carrés construits sur les deux autres côtés, ce sera une connaissance utile, car la vérité est toujours utile à l'esprit humain, mais cette vérité fera-t-elle naître en nous l'idée du beau? Si je vois par exemple un beau lever de soleil qui vient apporter la vie aux semences que le laboureur a confiées à la terre, cette chose utile, ne m'inspirera-t-elle aucun sentiment esthétique? L'utile n'est pas généralement beau, mais il ne faudrait pas croire qu'il soit incompatible avec l'idée du beau.

N'arrive-t-il pas souvent qu'une chose utile détruise sa beauté par cela même qu'elle est utile, de même qu'une chose belle détruise son utilité par cela même qu'elle est belle? J'ai par exemple dans mon jardin un chène vigoureux, qui en fait l'ornement, qui a fait l'admiration des siècles qui m'ont précédé et fera celle de ceux qui me suivront. Ce bel arbre est-il utile? Non! Mais si pendant un hiver rigoureux je le fais abattre et si je fais distribuer aux pauvres qui manquent de feu les diverses parties qui formaient son ensemble, la beauté de cet arbre subsistera-t-elle encore? Non, elle deviendra l'utile.

Nous avons annoncé plus haut que la beauté est toujours utile. Mais n'en peut-il pas être autrement? La beauté cesse-t-elle d'avoir ce caractère lorsqu'elle n'est d'aucune utilité. La Vénus de Milo enfouie au fond d'un puits, couverte de terre, éloignée de tous les regards, n'était-elle pas aussi belle qu'aujourd'hui?

Les diverses actions de l'utile et du beau sur notre sensibilité et notre activité sont-elles les mêmes? Il est évident que non; les diverses émotions que l'un et l'autre provoquent ne sont pas à comparer. Le beau nous enflamme, nous transporte; les sentiments qu'il fait naître en nous nous exitent et nous vivifient. La joie que nous inspire l'utile est au contraire froide et passagère. Quand nous voyons un beau tableau, nous voudrions que l'univers entier pût jouir de notre joie, nous voudrions que tous nos semblables pussent partager notre sentiment esthétique. Cet amour est pur et désintéressé. Rien de semblable lorsque nous apercevons l'utile, nous sommes portés vers lui par un insatiable désir de le posséder; le Moi apparaît d'abord, et souvent on ne songe à ses semblables qu'en second lieu. L'utile n'est pas non plus propre à faire naître en nous cette douce tristesse que *Lamartine* a si bien exprimée dans ses vers; parfois, son insuffisance, au contraire, nous fait ressentir une douleur amère.

L'utile est l'origine de l'industrie, la beauté est l'origine des beaux-arts; on voit immédiatement leurs différences en considérant leurs buts; l'industrie a pour but d'améliorer le sort des hommes, les beaux-arts de leur faire éprouver des émotions esthétiques.

Le vrai est-il différent du beau? Evidemment, puisque certaines vérités (et c'est le plus grand nombre) manquent de beauté. Mais, lorsque la vérité se présente à nous sous certaines formes, elles sont susceptibles d'être réputées belles. Prenons, par exemple, cette pensée : Dieu qui nous a doués de certaines qualités à un degré imparfait les possède infiniment; cette vérité, exprimée ainsi, n'a rien qui soit beau. Mais, si nous écoutons parler *Leibnitz*, un sentiment esthétique naîtra en nous. « Les perfections de Dieu sont celles « de nos âmes, mais il les possède sans bornes; il est un océan dont « nous n'avons reçu que des gouttes... » Il en est de même lorsque j'énonce telle ou telle loi de physique, je n'éprouve aucune émotion esthétique; mais si, laissant de côté la simple réalité, je fais intervenir l'imagination, et que je me représente l'enchaînement des lois de la nature, la profonde sagesse du Dieu créateur qui a ordonné le monde, cette loi, cette vérité deviendra belle. Nous pouvons donc voir que, sans l'imagination, la vérité n'est pas belle, et que c'est à cette dernière faculté qu'elle doit son caractère de beauté lorsqu'elle le possède.

Mais s'en suit-il que la vérité ne fait jamais éprouver d'émotion à celui qui la découvre? Si, assurément! Témoin *Archimède* qui, étant dans un bain, avait découvert le problème qu'il voulait résoudre, et qui, oublieux de sa nudité, parcourait les rues de Syracuse ens'écriant : EUREKA. Il est vrai que, contrairement à l'effet produit par la beauté, l'impression que fait ressentir la vérité s'émousse vite ; plus, au contraire, l'émotion esthétique est répétée, plus elle devient vive.

Les beaux arts sont le résultat des actions de la beauté sur notre activité, la vérité agissant sur nous a produit la science. La science et les beaux-arts ayant des origines différentes sont, par conséquent, différents entre eux. Le but de la science, c'est d'éclairer l'homme, de le mettre en possession de la vérité, de lui découvrir dans quel but il a été créé, quelle est sa fin, de lui donner les préceptes de la morale. Le but des beaux arts, c'est d'exprimer le beau par des signes accessibles à l'intelligence humaine, et de faire éprouver les sentiments que procure le beau. Il n'est pas nécessaire d'insister plus longtemps pour faire voir que la science est bien plus importante que les beaux-arts.

Quelques philosophes avaient prétendu que l'art et la science pouvaient être confondus si l'art devenait l'expression de la science. Cette théorie a été acceptée par plusieurs philosophes dignes d'être cités, entre autres *Hegel*, qui soutenait cette conciliation comme réalisable, mais, en voyant ses effets, on a été forcé d'y renoncer ; en effet, si l'art devient l'expression de la science, la science perd son caractère de vérité, et réciproquement, le beau appliqué à la science perd son caractère de beauté. Avec cette théorie, on en était arrivé à faire des traités de logique en vers, et à faire un poéme d'un traité de physique. Examinons maintenant le beau dans ses rapports avec le bien. Nous pouvons tout d'abord poser en principe qu'il y a un grand nombre de beautés qui n'ont aucun rapport avec le bien, c'est-à-dire avec la loi morale. Lorsque je vois un beau paysage, un animal aux formes élégantes et bien proportionnées, les frises du *Parthénon*, j'éprouve le sentiment du beau, et ces choses ne font nullement naître en moi l'idée du bien ; la réciproque est aussi vraie, souvent le bien n'est pas beau. Il est évident qu'un paysan qui, sans être agité par les passions, passe sa vie à cultiver son champ, a mené une vie qui peut être bonne, mais certes elle n'est pas belle. Nous pouvons donc remarquer immédiatement que les sentiments qui agissent sur l'activité de l'artiste sont autres que ceux qui agissent sur celles de l'homme de bien. Certes, lorsque *Corneille* a voulu représenter *Polyeucte,* martyr chrétien. il n'éprouvait pas les mêmes sentiments que ce dernier lorqu'il se soumet à la mort plutôt que de renoncer à sa religion. *Polyeucte* avait le sentiment du bien et du devoir ; *Corneille* avait le sentiment du beau et éprouvait une émotion esthétique.

Mais il peut arriver aussi que le bien et le beau se confondent. En effet, le bien n'est connu dans le monde que par une force libre ; et, cette force libre, c'est l'homme, et l'homme seul. Donc cette force libre ne pourra révêtir le caractère de la beauté qu'à condition que le bien, c'est-à-dire la loi morale soit observée dans toute sa rigueur.

La *force* et l'*ordre* constituent-ils à eux seuls la beauté ? Non, il faut y joindre un troisième caractère qui est la *grandeur* ; nous voyons donc que la beauté disparaît de la force libre si celle-ci n'a pas de grandeur, c'est-à-dire si elle manque de vertu.

Mais ici on fait une objection qui est plus spécieuse que solide, on dit : puisque vous admettez que pour qu'une force libre soit belle il faut qu'elle soit conforme à la vertu, vous ne devez pas admirer certains personnages vicieux qu'ont décrits les poëtes tels : *Macbeth, Phèdre, Don Juan, Polyeucte!* Faisons remarquer ici que ce ne sont pas ces personnages qui sont sympathiques mais le talent des artistes, de même, ce ne sont pas les magots de Teniers, ni les avares de Rembrandt que nous admirons, mais le talent de ces peintres, de même ce ne sont ni Macbeth, ni Phèdre, ni Don Juan, ni Pauline, mais le génie de Shakespeare, de Racine, de Molière et de Corneille que nous louons.

CHAPITRE V

DU CHARMANT. DU JOLI. DU SUBLIME. DU LAID

Si l'analyse que nous avons faite des caractères de la beauté, et si la doctrine que nous avons exposée sont exactes, il y a un moyen bien simple de confirmer l'une et l'autre, c'est d'examiner si elles nous rendent compte de quelques idées qui s'en rapprochent par analogie ou par contraste, et si elles nous expliquent le but des beaux arts; d'abord il est rare que l'on parle du beau sans le rapprocher de certaines autres qualités ; parmi les objets que nous connaissons il en est certains que nous appelons *charmants*, d'autres *jolis*, sans cependant dire qu'ils sont beaux. Quels rapports peut-il donc y avoir entre les qualités? C'est que ce que nous appelons *charmant* peut n'avoir que des rapports très-éloignés avec la beauté, c'est ce qui nous est sympathique. Le charme, c'est le développement d'une certaine sympathie, mais il fait naître l'idée d'ordre dans notre intelligence.

Un objet est joli quand il a une grandeur modérée et une puissance peu visible. La prédominence de la régularité, de l'harmonie, de la proportion, de la symétrie, c'est ce que nous appelons le joli , à la condition, toutefois, qu'il y ait une certaine puissance; ainsi, si l'on fait dominer l'ordre, si on le traduit par des signes plus évidents, nous serons condamnés à dire que l'objet est joli et non beau. C'est donc la raison qui fait qu'on proclame jolis des objets qui ne sont pas beaux. Si, au contraire, c'est la puissance qui s'explique plus clairement, si elle l'emporte sur l'ordre et même si elle menace de le diminuer, de le compromettre, de le détruire si la force perce à travers des signes trop étroits qui semblent la comprimer ; si la forme semble trop étroite pour nos idées, nous éprouvons alors un sentiment nouveau très semblable à celui du beau et qui en diffère beaucoup cependant, c'est celui du *sublime*. Dans le sublime il y a les mêmes éléments que dans le beau; mais ces deux éléments qui constituent la beauté ne sont pas en équilibre parfait. Dans le sublime, je retrouve ce que je vois dans la beauté, mais en proportions différentes ; il y a une disproportion entre l'expansion de la force et l'ordre auquel elle est soumise. Il est impossible qu'une force se manifeste avec exubérance sans paraître en opposition avec l'ordre ;

plus elle tend à le dépasser plus il semble qu'il y ait une sorte de lutte entre l'ordre et la force Il y a des moments où l'action de la force est tellement visible que le joug que lui impose l'ordre nous est à peine sensible ; nous n'interprétons plus les signes qui se manifestent, nous ne sommes attentifs qu'à la forme.

Voilà pourquoi le beau et le sublime excitent en nous des sentiments différents. Nous avons une sympathie pleine et entière pour la beauté, car nous sommes dans notre sphère. Nous avons pour la beauté un sentiment calme « *omnia pulchra sunt placida* » rien d'orageux, pas de gêne ni de malaise, c'est le monde de l'homme. Mais le sublime le dépasse, l'inquiète, et la sympathie qu'il a pour lui est mélangée d'une sorte d'effroi ; c'est un sentiment mixte d'admiration et de crainte, une sorte de souffrance. Pour nous élever à l'amour du sublime, il faut un effort tel que nous n'en sommes pas longtemps susceptibles. Voilà pourquoi nous pouvons longtemps contempler la beauté, nous nous délectons à son spectacle qui n'émousse pas les sentiments du cœur en les exaspérant. Le sublime ravage notre âme, l'épuise ; il demande un effort d'intelligence, un élan de sensibilité tels que nous ne sommes capables de les produire qu'un seul instant. Pour nous, le sublime n'existe qu'un seul instant dans la vie. Ainsi, pour nous, le sublime n'est pas distinct en nature de la beauté, il résulte des mêmes éléments, mais dans des proportions différentes, il inspire d'autres sentiments ; et, cependant, on peut admettre qu'il surpasse le point de perfection auquel la beauté s'arrête.

Si nous avons trouvé la véritable nature de la beauté, nous devons déterminer celle de la laideur, car il y a une opposition de contraste ; ce n'est pas à dire que la laideur soit le néant de la beauté, parcequ'alors ce ne serait plus rien d'intelligible, ce serait, en effet, la négation de la force et de l'ordre. Le beau et le laid se ressemblent en ce que nous y retrouvons une forme et un ordre ; il est bien entendu que l'absence de puissance et d'ordre serait la négation de l'existence. Le laid ne pourra donc consister que dans le défaut de la force, de l'ordre ou des signes, ou dans le sentiment antipathique inspiré par la vue de l'objet qui déplaît. Ce sont là les différentes causes principales qui expliquent la laideur. D'abord, il y a des forces qui sont comme comprimées, par des obstacles qui, les arrêtent, et qui ont une faiblesse qui ne nous est pas antipathique ; nous pouvons parfaitement éprouver de l'émotion en présence d'une pauvre fleur étiolée, en considérant sa pâle langueur ; quand au sentiment de beau il ne peut avoir lieu à ce spectacle. Ou bien, si la force n'existe pas, elle ne se manifeste pas et c'est pour nous une raison suffisante de dire que l'objet qui n'a pas d'énergie manque en même temps de beauté. De même, il y a des cas où il

nous semble apercevoir un désordre dans la nature ; mais, il n'y a
pas de désordre dans les lois de la nature, fatalement obéies. Ce qui
nous paraît le désordre, c'est l'effet d'une loi que nous ne connaissons pas · quant au véritable désordre, il n'existe que dans notre
esprit, c'est pour cela que nous expliquons la laideur par le principe
du désordre. Pourquoi déclarons-nous laides certaines créatures que
la nature a formées d'après un certain type? C'est que le désordre est
apparent pour nous, au fond il n'existe pas, mais il suffit qu'un
moment nous en voyions l'apparence pour que nous croyions qu'il
existe. Pourquoi certains insectes nous paraissent-ils laids, quoi-
qu'ils soient formés par la nature selon toutes les règles de la puissance et de l'ordre ? C'est que nous y voyons un désordre, désordre
qui n'est pas apparent il est vrai, mais qui existe pour nous. Un
animal qui a un bec comme les oiseaux, quatre pattes comme les
quadrupèdes, qui participe à la nature du canard et à celle du lapin,
est pour nous un monstre parcequ'il y a un désordre apparent. Mais
les apparences sont trompeuses, et cela suffit pour nous faire croire
au désordre. Dans l'art, c'est différent et, les caprices de la nature
qui restent soumis à une certaine régularité ne trouvent plus de
limite dans l'imagination déréglée d'un artiste ; c'est ce qui explique
la création de ces formes bizarres et monstrueuses que quelquefois
les peintres nous mettent sous les yeux ; voyez par exemple les statues
des Assyriens ! Voyez ces dieux qui ont une tête humaine et un
corps de quadrupède, ces idées qui réunissent la nature humaine et
végétale. Le désordre n'est jamais réel que dans le monde moral.
Un homme qui considère Tercite dont l'âme est souillée de tous les
crimes, à la connaissance d'une laideur tout autre que celle que nous
avons examinée. Enfin, on pourrait dire qu'il y a quelquefois du
désordre dans la nature et citer les erreurs qu'elle commet, ces
monstruosités qui déconcertent nos idées, comme ces enfants à deux
têtes, ces animaux à six pattes, mais encore ici le désordre n'est
qu'apparent.

La dernière cause de la laideur, c'est le sentiment ; il y a des
forces qui ont les caractères de la beauté et qui nous répugnent ;
plus la force s'exprime, plus nous la trouvons laide. Nous n'avons pas
besoin de chercher bien loin pour trouver la confirmation de cette
assertion. Combien y a-t-il d'animaux dont le grand développement de forces nous répugne ! Nous ne sympathisons pas avec les
reptiles. Ils ont cependant de la beauté, il y a une force qui s'exprime
avec un ordre admirable. C'est que cette force nous est antipa ·
thique, c'est là la raison qui nous fait trouver laides certaines forces
où se rencontrent les éléments de la beauté. Voyez l'éléphant par
exemple, il a tous les éléments de la beauté, mais l'excessif dévelop-

pement de sa force fait que nous le trouvons hideux. Il faut remarquer que dans la nature la laideur est moins prodiguée que la beauté,
et il semble qu'il y ait une prévoyance qui ait écarté l'homme des
animaux les plus laids : c'est dans les retraites les plus éloignées que
se trouvent ces êtres difformes et horribles, et au contraire, à côté de
nous, nous trouvons toujours le spectacle de la beauté. Il ne faut
pas voir là une disposition providentielle, mais on peut constater
que le monde de la laideur et celui de la beauté sont distincts. Ce
qu'il y a de plus laid, ce sont les animaux qui fuient l'homme. Cette
discrétion de la nature, qui nous cache la vue de la laideur, n'a pas été
assez loin pour nous la dérober complétement; le laid fait rechercher
le beau. De même qu'il faut des ombres pour faire ressortir l'éclat de
la lumière, de même il faut de la laideur pour faire saisir la beauté.
Les idées de l'homme sont toutes relatives, c'est l'idée du chaud qui
fait naître celle du froid; celle du noir, celle du blanc ; celle du vice,
celle de la vertu, etc..... Si nous n'avions jamais sous les yeux que
des choses belles, nous ne connaîtrions pas la beauté. C'est dire que
l'artiste peut imiter la nature et se servir du laid pour faire ressortir
le beau.

La laideur a sur notre âme des effets funestes. Nous avons vu
combien l'émotion du beau est pure. Mais la laideur nous froisse,
nous gêne, diminue notre activité, l'âme souffre, et si une âme était
assez mal faite pour rechercher la laideur elle serait conduite à l'af-
faiblissement et à la folie. Gœthe nous raconte l'effet que produisit
sur lui la vue d'un de ces êtres singuliers, il nous dit qu'il ren-
contra en Sicile un prince qui l'invita à venir le voir. Il visita son
château, dont il avait voulu faire le temple de la laideur, il était
amoureux de la laideur. Dans la maison, rien qui fut régulier, les
marches étaient tortueuses, les plafonds penchés, les murs n'étaient
pas d'aplomb, il y avait des bruits étranges et discordants semblables à ceux que produit la lime sur la scie ; lorsque Gœthe sortit
de ce palais, il était comme sous le coup d'un rêve et ses idées en
furent troublées, il nous dit qu'il en serait devenu fou s'il avait été
forcé d'habiter plus longtemps ce château.

Il reste à appliquer ces principes aux beaux-arts, qui sont l'expression de la beauté, et qui ont pour origine l'amour du beau,
amour toujours mal satisfait ; l'homme ne trouve pas la beauté seule
assez parfaite, et la comparant à son idéal, il la rend infinie. Le but
des beaux-arts est l'expression de la beauté. Est-ce du beau réel?
Alors l'art atteint sa perfection quand il imite. Si cela était vrai, il
n'y aurait pas de plus beau chef-d'œuvre qu'une image photogra-
phique: si c'est le Beau réel qui est l'objet de l'art, l'artiste est toujours inférieur à la nature, car il ne peut pas animer ses créations.

Les arts ne peuvent pas imiter la nature, la peinture ne l'imite pas ; il n'y a aucune ressemblance entre le tableau d'une forêt et des arbres réels. Quel rapport y a-t-il entre le son dont se sert le musicien, la parole dont se sert le poète, et les choses qu'ils expriment ? Il n'y a pas d'imitation plus parfaite de la forme humaine que celle qu'on réalise avec la cire, nous ne pouvons pas la contempler sans une sorte de gêne ; le sentiment de l'art a disparu et a fait place à des sentiments opposés. Supposons la Vénus de Milo moulée en cire, colorée, avec des yeux d'émail et des dents véritables, et mettez-la en face du marbre mutilé, on aura la preuve que l'imitation n'est pas le but de l'art. C'est qu'en effet, l'artiste donne un corps et une forme à des idées qu'il a dans l'esprit, à la beauté qu'il conçoit ; ce qu'il conçoit, c'est le beau idéal. Mais, où en prend-il le type ? Ce n'est pas en lui, les moyens d'expression sont hors de lui ; puis, il faut ensuite qu'il dispose des formes pour exprimer son idéal. On voit donc que la vérité n'est pas du côté de ceux qui abaissent l'art au réalisme, ni du côté de ceux qui ont une opinion contraire exagérée, et qui prétendent que l'artiste est d'autant plus parfait qu'il s'éloigne de la nature.

L'artiste imite la nature dans les moyens dont elle se sert pour exprimer les formes ; c'est à elle qu'il les emprunte, c'est à elle qu'i₁ demande les types de la beauté ; seulement il y ajoute, et quand il l'a copiée, c'est la nature telle qu'il la voit. Ceux qui se flattent de photographier la nature dans leurs tableaux se trompent, et, s'ils ont quelque talent, ils mettront plus dans leurs tableaux qu'il n'y a dans la nature : ils sont donc à la fois artistes et créateurs ! Prenez dix artistes dans la classe de ceux qui se vantent d'imiter la nature, mettez-les devant un seul et même modèle , et vous aurez dix tableaux différents. C'est que chacun a sa manière de voir, c'est que les signes qui manifestent les secrets les plus cachés de l'âme frapperont les organes de manière différente. Aussi, est-il juste de dire qu'un portrait ressemble plus à une personne que cette personne ne le peut faire.

L'expression du beau idéal, l'interprétation de la belle nature, voilà donc le but des beaux-arts, et, par là, ils se distinguent des autres formes de l'activité humaine ; on ne peut pas les confondre avec les sentiments intellectuels. On dit bien que l'agrément est le but de l'art (art d'agrément), mais c'est une impropriété de langage. Ce n'est pas non plus l'intérêt de celui qui s'y livre ; ce n'est pas non plus le bien de l'État. Les artistes ne doivent pas se mettre au service des idées politiques sous peine de manquer à leur mission. Il n'y a pas un art républicain, un art royaliste, un art impérialiste ; l'art n'est d'aucun parti ; de même, par leur but, les beaux-arts sont distincts de la morale. Si le poète ne veut pas blesser la morale, ce n'est pas parce qu'il doit se faire prédicateur de la vertu, c'est que, toutes les fois qu'il touche à l'âme humaine, il rencontre l'ordre. Il ne faudrait pas faire à l'artiste une obligation de semer la vertu et de répandre les principes de la morale ; il n'est esclave de la morale que parce qu'il doit représenter le beau, et qu'il n'y a pas de beauté sans ordre.

CHAPITRE VI

MÉTAPHYSIQUE DU BEAU

Il ne suffit pas d'analyser les effets produits par le beau sur notre activité ; la psychologie du beau, n'est que la connaissance de l'esthétique, et pour ne pas réduire, comme le font les Écossais, la philosophie à la science de l'esprit, il faut se demander non plus ce que c'est que la beau par rapport à nous, mais ce qu'il est en lui-même. Il faut savoir si ce n'est qu'une forme de notre esprit, ou bien une substance, ou bien un être, ou bien un rapport entre diverses substances. Pour répondre à ces questions, il faut avoir présent à la mémoire le résultat de l'étude psychologique qui précède. La beauté est, pour nous, une force invisible, sympathique, et qui nous manifeste par des signes visibles toute sa grandeur et tout son ordre. Il y a donc dans la beauté deux éléments inséparables. Cette force sans laquelle les signes ne peuvent se manifester, nous donne l'idée du beau, et ces signes qui nous révèlent l'existence d'une activité. Si on supprime l'une ou l'autre de ces deux parties essentielles, on détruit la beauté, et par conséquent il faut se rappeler qu'elle n'existe qu'à cette double condition. Il y a donc toujours le fond et la forme. La forme seule ne donne pas l'idée du beau, et le fond, s'il n'est pas revêtu d'une forme c'est-à-dire s'il n'est pas perceptible à nos sens, ne signifie rien pour nous. Il faut l'intervention de deux facultés différentes, les sens et la raison.

Ces deux éléments inséparables ne doivent pas être placés sur la même ligne, le rôle qu'ils jouent est différent, ils sont complétement opposés, plus l'un domine, plus la beauté diminue, et, au contraire, plus l'autre augmente plus la beauté devient grande. Il est facile de vérifier cette loi du réel et de l'idéal; supposons que la partie matérielle soit prédominante, comme elle l'est au plus bas degré de l'échelle. La force est à peine visible et, parconséquent, elle nous émeut peu, l'ordre et la grandeur ne manquent pas cependant, et la beauté est condamnée à une imperfection. Plus, au contraire, elle devient immatérielle, plus la beauté augmente. La force est plus sensible dans l'arbre que dans le minéral; dans l'animal que l'arbre; enfin, un pas de plus et nous arrivons à l'homme qui est sur terre le type le plus parfait de la beauté. Remarquons ici que l'ordre dans lequel les beaux arts sont classés dépend de ce rapport entre le visible et l'invisible. Plus le visible existe, plus l'idée du beau est embarrassée, plus elle est imparfaite. En effet quelle est la forme la moins claire de la beauté? C'est l'architecture évidemment, parceque dans cet art, l'artiste est obligé de se servir de la matière qui agit sur nos sens, parce que l'idée se dégage d'une manière obscure; mais si l'on subtilise la matière, si l'on fait en sorte que ce ne soit plus qu'une abstraction, que ce ne soient plus que les éléments de l'idée, la beauté apparaît et on arrive à la peinture, dont les œuvres ont une supériorité bien marquée: un degré de plus on arrive au son, c'est la musique; enfin on arrive à la parole qui n'est plus qu'une idée devenue visible. L'analyse des beaux arts nous a donc fait voir que ces deux éléments sont inséparables; la perfection n'est pas assujettie à l'une ou à l'autre. Ou peut exprimer d'une manière toute mathématique ce rapport entre ces deux éléments, et dire que la beauté est en raison inverse du premier et en raison directe du second. C'est le fond qui fait la supériorité de la beauté, la forme ne joue qu'un rôle tout secondaire.

Remarquons que ceci est vrai des différentes époques qui partagent l'histoire des beaux-arts; pensons aux premiers essais du genre humain lorsqu'il veut d'abord imiter, ensuite dépasser les beautés de la nature, prenons par exemple les beaux-arts tels qu'ils ont été à leur naissance dans l'Orient, l'Assyrie et dans l'Inde; considérons les fragments que contiennent nos musées, qui, détériorés par le temps, ne laissent cependant pas d'avoir une grande beauté. Ce qui domine surtout c'est la forme, ce sont les signes expressifs, l'idée est cachée, ce sont d'immenses palais qui expriment quelque chose de si vaste que l'intelligence peut à peine comprendre. Si on compare à ces monuments ceux de la Grèce, on voit que l'idée est moins cachée, on sait ce qu'expriment ces admirables statues, on peut même définir le sens des monuments.

Il est donc évident que s'il n'y a pas de beauté dans la réunion d'une chose à exprimer et son signe, on peut dire que la beauté croît à mesure que les signes sont moins matériels ; et un artiste est d'autant plus prisé qu'il exprime l'idée seule. Ainsi, si on veut porter un jugement sur le mérite de deux artistes fameux, si on demande quel est celui qui est le plus parfait, on donnerait la palme à celui qui, au mépris des signes matériels, s'est surtout préoccupé de l'idée. Comparez les plus beaux tableaux de Rubens et la plus belle toile de Raphaël ; Raphaël sera préférable, parcequ'en exécutant son œuvre il a moins tenu à la forme qu'à son idée ; dans le tableau de celui-ci, tout ce qui intéresse les sens et tout ce qui peut causer des sensations a été éliminé jusqu'à une juste limite bien entendu ; c'est l'idée aussi nue que possible. Il en est de même toujours et partout, et on verra que la part d'admiration sera d'autant plus grande que l'idée sera exprimée avec le plus grand mépris des signes.

Mais on pourrait dire : pourquoi ne pas reconnaître que la beauté peut exister indépendamment des signes ? Pourquoi s'arrêter ? Pourquoi ne pas admettre qu'il y a une beauté pour l'idée pure, et que la force non exprimée a cet idéal de la perfection ? C'est que, sans doute, l'idée existera encore, elle n'aura rien perdu de sa grandeur ni de sa noblesse ; mais elle sera plus belle, elle pourra être admirable dans un sens, mais ce ne sera plus une œuvre d'art, parce qu'une idée sans forme n'a plus rien de commun avec la beauté. Si ces principes sont vrais, en voici les conséquences. Le beau est quelque chose de réel ; ce n'est pas nous qui le mettons dans le monde, puisqu'il existe même quand nous ne le voyons pas : on ne peut pas dire que, parce qu'il n'a pas de spectateurs, son existence est détruite. D'ailleurs, si toute beauté était en nous, sa présence nous serait immédiatement révélée par la conscience. La conscience nous donne-t-elle connaissance de la beauté ? Elle ne le fait que lorsqu'elle est aidée par l'imagination. C'est la raison qui nous fait connaître l'ordre et la grandeur. Il est donc possible de rechercher quelle est la nature de la beauté, et, cette nature, nous ne pouvons pas la rechercher autre part que dans la matière, dans nous-mêmes et dans Dieu. De plus, le beau ne peut-être qu'une substance, un attribut ou un rapport ? Il n'y a plus aujourd'hui de platoniciens assez résolus pour personnifier la beauté ; c'est donc un attribut ou un rapport. Il faut considérer la nature, l'âme et Dieu, et se demander si la substance de la beauté se trouve dans les corps de l'univers ou dans l'âme, ou dans Dieu. La matière en elle-même est indifférente à la beauté ou à la laideur. Pour nous, la matière telle qu'elle est connue par le vulgaire, ce sont les corps qui agissent sur nos sens. La matière peut être considérée comme un tout composé des parties qu'on ne peut plus diviser et qu'on appelle atômes. Prenez les atômes, considérez-les, et demandez-vous s'ils font naître en vous l'idée de la beauté! Sans la force, la matière c'est le chaos tel que l'ont chanté les poètes, et la beauté n'y apparaît qu'avec certaines forces. Les éléments qui constituent une belle pierre qui reflète toutes les couleurs du prisme ne sont pas beaux, mais c'est la main d'un ouvrier habile qui les a rendus beaux. On voit donc que la matière en elle-même est indifférente à la beauté et à la laideur; mais, lorsqu'elle commence à devenir belle, quelle est sa beauté? C'est la beauté physique, c'est le plus bas degré de la beauté. Tous les objets auxquels la vie a été refusée ont cependant quelque beauté, c'est parce que nous trouvons en eux certaines forces. Mais ce degré de beauté, les choses ne le possèdent pas d'elles-mêmes, c'est un emprunt à une autre beauté; elle a son origine ailleurs; ce n'est donc pas là que se trouve la substance de la beauté; peut-être la trouvons-nous dans l'âme humaine. Il y a, en effet, plus d'une beauté dans notre âme; il y a celle du sentiment, celle de l'intelligence et celle de la volonté. Le sentiment tel que la conscience le décrit, ne nous manifeste pas sa beauté; s'il n'y a pas de signes apparents, les sentiments de nos semblables nous restent inconnus; il faut donc que le sentiment, pour être beau, soit exprimé. Quand je pense à quelque sentiment noble et élevé, je ne puis pas rester insensible à la beauté qu'il manifeste; mais il faut bien se garder de négliger un fait qui s'échappe à l'observation, et qui, cependant, se rencontre souvent, c'est que nous n'avons pas seulement une idée abstraite, car nous lui donnons toujours une forme. Si je pense à l'amour, et que l'imagination ne me le représente pas sous une forme sensible, je pourrai penser qu'il est bon ou mauvais, pur ou impur, languissant ou vif, intéressé ou désintéressé; mais jamais je ne pourrai dire qu'il est *beau*. Si je ne me représente pas sous une forme sensible *Juliette* disant à *Roméo :* « Non, il n'est pas encore « temps de t'en aller; ce n'est pas le chant matinal de l'alouette « que tu entends, mais le chant du rossignol, » je ne puis pas porter un jugement de beauté sur cet amour.

L'âme en tant que sensible n'est pas belle par elle-même; il en est de même si on la considère comme intelligente. Si on ne fait que penser à la vérité, si la raison seule agit, la vérité paraît alors, importante ou peu importante, médiate ou immédiate. Mais, si l'on

veut savoir si la pensée d'un autre est vraie, il faut qu'elle s'exprime
et même lorsque nous voulons savoir si notre pensée propre est vraie,
il faut lui donner une forme. La beauté de l'intelligence ce sera des
traits exquis et des figures admirables, tels qu'en a sculptés *Michel-
Ange*, et tels qu'en a peints *Raphaël*.

Enfin la beauté morale que les philosophes s'accordent à reconnaître comme le plus haut degré de la beauté, la beauté morale con-
siste dans l'ordre et la grandeur de notre volonté. Lorsque notre
activité a surmonté de grandes difficultés, et a été obligée de faire de
grands efforts pour accomplir son devoir, il y a tous les éléments de
la beauté; mais, si nous ne pouvons nous représenter cette activité
sous une forme sensible, nous pouvons dire en portant un jugement
sur telle ou telle action, ceci est bien, ceci est mal; mais jamais nous
ne pouvons la qualifier du nom de belle. Un acte d'héroisme ou de
vertu qui est réputé beau, ne porte pas ce caractère si la raison seule
en juge. Pensez au dévouement du chevalier *d'Assas*, que nous dira
la raison seule? Elle nous fera savoir que cette action est bonne,
difficile, courageuse, et même qu'elle est méritoire. Mais si l'on veut
éprouver une émotion esthétique, et si l'on veut joindre à ce jugement
de l'intelligence celui de la beauté on sera obligé de se représenter la
scène du dévouement. On verra *d'Assas* au milieu d'un bois, entouré
de toutes parts de soldats le menaçant de la mort s'il prononce un
mot, s'il jette uu seul cri ; on l'entendra, au mépris des baïonnettes
ennemies, prononcer ces fameuses paroles par lesquelles il sauve
l'armée tout entière : « A moi Auvergne, voici l'ennemi ». On sentira
même les blessures qui ont percé ce noble soldat. — Effacez le tableau
que reste-il ? Il reste un acte que la raison constate, mais c'est l'imagination qui fait naître en nous l'idée de la beauté. Ainsi, on peut
dire que sous cette triple forme, amour, intelligence, vertu, l'âme
humaine est très-belle, mais qu'elle ne tire pas cette beauté d'elle-
même. L'âme de nos semblables est pour nour un mystère, et cela
est si vrai que si la parole n'existait pas pour nous représenter les
passions qui excitent le cœur des hommes, nous ne les connaîtrions
pas.

On peut dire que si cela est vrai pour l'âme de nos semblables,
cela ne nous échappe pas à nous-mêmes. Chacun de nous a certaine-
ment fait des actions pénibles, a été contraint de vaincre de grandes
résistances pour accomplir son devoir. Lorsque la conscience nous
découvre ces belles actions dont nous sommes les auteurs, nous les
déclarons belles, il semble que nous voyons la beauté dans son principe, et que nous l'avons dégagée de son expression. Mais, si nous
nous bornons à interroger la conscience, elle nous dira : tu as bien
agi; de là , nous tirerons du contentement; quant à l'émotion

esthétique elle n'apparaît que lorsque nous nous représentons à nous
mêmes dans l'accomplissement pénible de notre devoir. Il y a alors
des signes qui manifestent cette beauté, il y a là un homme qui
ragarde et un homme regardé, il n'y a plus de personnelle que
l'action elle-même. Mais cette âme, lorsqu'elle sera délivrée de l'enve-
loppe qui la contient, ne conservera donc plus son caractère de
beauté? Je n'en sais rien! Quand cela serait, qu'aurions-nous perdu?
Il nous reste la vertu, le sentiment, la dignité, et rien ne prouve que
le commerce entre l'âme et les organes ne soit que passager. Quelques philosophes ont dit que toujours l'âme reste unie aux organes,
non pas aux organes périssables qui sont la dépouille que nous
laissons à la terre, mais à quelque partie de la matière. C'est aussi la
doctrine de l'Eglise.

Enfin, si la substance de la beauté n'est ni dans la matière, ni
dans l'âme, est-elle dans Dieu? Il semble que nous sommes par-
venus au principe de la beauté ; car, quelle est la méthode la plus
ordinairement employée pour connaître les attributs de Dieu ? C'est
de lui donner complétement ce qui chez nous est un signe de perfection. Si on suit cette méthode et qu'on examine les éléments de
la beauté, on les retrouve tous dans la divinité. La puissance de
la nature n'a d'autre défaut que d'être limitée : Dieu a la toute puissance et le peu que nous avons nous vient de lui. Il en est de même
de l'ordre, si nous pouvons réaliser une sorte d'ordre c'est que nous
trouvons une loi toute faite qui, créée par Dieu, nous conduit ; et il
faudra dire avec Leibnitz : « Dieu est tout ordre, c'est donc de Dieu
que tout émane, » c'est donc dire que sans Dieu il n'y a pas de
beauté, et que l'art ne peut pas être impie sans se désavouer lui-
même. Le Pérugin qui a fait des figures admirables qui expriment
l'infini, dans l'amour et dans l'intelligence, était un athée résolu, mais
au moment même ou sa bouche niait Dieu, son génie affirmait son
existence. Il est donc certain que Dieu considéré comme principe
d'ordre et de puissance, est le principe de la beauté ; la beauté touche
à l'infini par un point et se confond avec lui. Mais faut-il dire pour
cela que le beau doit être rangé parmi les attributs de Dieu. Je m'appuie ici sur le témoignage des théologiens qui ont la plus grande
autorité, et je m'apperçois qu'il ne sont pas de cet avis; saint Thomas
la lui nie ! Faut-il l'admettre ? Si notre analyse est exacte, il faut
reconnaître que l'ordre et la grandeur sont les caractères de toute
beauté, il n'y a de belles que les choses qui possèdent ces deux caractères, et ils viennent de Dieu ; mais il faut que ces caractères
s'expriment et deviennent accessibles aux sens. Or, je me demande
comment l'infini, l'absolu peuvent être représentés, comment ils
peuvent être connus par les sens. L'infini pur est l'objet de la raison,

et pour y arriver il faut écarter tout objet matériel, il faut, comme dit Descartes, fermer les yeux et les oreilles, et ignorer l'existence de la matière ; et, au contraire, pour connaître la beauté, il faut communiquer avec elle par l'intermédiaire des sens. On ne peut pas imaginer Dieu, l'infini répugne à ces déterminations, et il est impossible de dire que Dieu est beau sans tomber dans l'anthropomorphisme.

D'ailleurs, remarquons les différences entre l'idéal de la beauté et l'absolu. Il n'y a rien de plus réel que l'infini, tandis que l'idéal n'existe que dans notre esprit. L'infini est entendu, l'idéal est conçu. Je sais bien qu'on peut ici faire cette remarque que si Dieu ne peut être représenté sous une forme corporelle, il a le monde qui peut témoigner de sa grandeur et de sa puissance ; le monde est un discours divin, a-t-on dit : *Cœli enarrant gloriam Dei.* Sans doute il est impossible d'assister au spectacle de la nature sans penser à Dieu, et il est vrai de dire que le monde nous parle de sa grandeur et de sa puissance. Mais cette grandeur et cette puissance qu'exprime le monde si elles ne sont pas à lui elles sont à Dieu, la force exprimée est celle de Dieu, alors il faut dire que le monde contient la divinité

On peut remarquer que cette beauté, si on la refuse au monde, si on dit que c'est celle de Dieu on s'engage aussi à accorder que tout ce qu'il y a de réel dans le monde ne lui appartient pas. Voilà une belle forêt, la beauté qu'elle exprime ne lui est pas propre, mais alors ces forces ne sont pas à elle non plus. C'est me dire que cette forêt a quelque chose de divin, voilà donc Dieu incarné dans le monde.

Il y a peut-être, dira-t-on, de l'irrévérence à ne point accorder la beauté à Dieu, et à le priver de cette qualité. C'est profaner Dieu que de lui accorder la beauté, et ceux qui la lui refusent, la lui refusent comme ils lui nient l'étendue, la durée ; Dieu est au-dessus de la beauté, c'est lui qui l'a créée ; s'il n'avait pas conçu le plan de l'univers tel qu'il est, il n'y aurait pas de beauté ; Dieu est le père de la beauté ; la beauté est sortie de sa puissance sans être une émanation de sa substance : *nemo dat quod non habet.*

Mais alors, Dieu ne connaît pas la beauté s'il ne l'a pas créée ? Erreur ! Dieu connaît le mal et cependant il ne l'a pas créé. Dieu peut connaître la beauté comme il connaît nos fautes ; Dieu n'est pas contraint à se limiter dans le cercle des choses que son intelligence a pu concevoir.

Je conclus en disant que nous ne trouvons la substance du beau ni dans la matière seule, ni dans l'âme humaine, ni dans Dieu créateur de toutes choses, mais nous l'avons vu naître avec l'union de la force et de la matière, de l'idée et du signe, du fond et de la forme. La beauté n'est donc pas une substance, c'est un rapport qui existe entre certaines forces.

Toutes les fois qu'il y a une force qui peut agir puissamment, il y a l'image de la beauté. La force et l'ordre, voilà la part de la raison; les signes, voilà la part des sens ; et enfin, la sympathie, voilà ce qui nous la fait saisir. D'un côté, la beauté touche à l'infini; de l'autre, elle plonge dans la matière. Il n'y a rien de plus humain que la beauté; elle n'est ni esprit ni matière, elle est l'un et l'autre. Mais, au moment où l'on veut s'élever à l'infini, on dépasse la sphère de la beauté. Le beau nous conduit à l'infini, mais il n'est pas l'infini. Lorsque *Dante*, dans une sublime allégorie, qui souvent n'est pas assez comprise, nous conduit au travers de la nature, qui prend-il pour compagnon, c'est *Virgile*, c'est-à-dire la poésie; c'est elle qui lui sert de guide lorsqu'il arrive dans ce lieu où sont les âmes qui ne sont susceptibles ni de mérite, ni de démérite; et ce n'est que lorsqu'il arrive dans le royaume de l'infini, qu'il se retourne, et il voit que celle-ci l'a abandonné en pleurant. Alors, il voit *Béatrix*, c'est elle qui doit l'accompagner dans le chemin de la vérité et de la foi : *Béatrix*, c'est la Religion et la Science ; c'est elle qui peut lui permettre de contempler les diverses beautés.

Typographie Coutry & Puyforcat, 111-113, passage du Caire.

www.ingramcontent.com/pod-product-compliance
Lightning Source LLC
LaVergne TN
LVHW011406170726
843501LV00006B/2029